Évelyne BÉRARD – Christian LAVENNE
Centre de Linguistique Appliquée de Besançon

MODES D'EMPLOI

EXERCICES POUR L'APPRENTISSAGE DU FRANÇAIS

HATIER / Didier

« La loi du 11 mars 1957 n'autorisant, au terme des alinéas 2 et 3 de l'article 41, d'une part, que les copies ou reproductions strictement réservées à l'usage privé du copiste et non destinées à une utilisation collective » et, d'autre part, que les analyses et les courtes citations dans un but d'exemple et d'illustration, « toute représentation ou reproduction intégrale, ou partielle, faite sans le consentement de l'auteur ou de ses ayants droits ou ayants cause, est illicite » (alinéa 1er de l'article 40). – « Cette représentation ou reproduction, par quelque procédé que ce soit, constituerait donc une contrefaçon sanctionnée par les articles 425 et suivants du code pénal ».

© Les Éditions Didier, PARIS 1992 Imprimé en France ISBN 2-278-03840 0

AVANT-PROPOS

Ces exercices font référence à la *Grammaire Utile du français* qu'ils complètent et prolongent. Ils sont classés selon les mêmes thèmes, ce qui facilite le report à la Grammaire (un index placé en fin d'ouvrage propose un système de renvois pour chaque exercice).
La conception et l'objectif de cet ensemble visent plus à développer une **attitude de réflexion** qui conduit à l'apprentissage qu'à vérifier des connaissances déjà acquises. Cette démarche se met en place à travers des activités de manipulation et une partie explicative aide l'apprenant à mieux saisir l'objectif de chaque exercice et la règle travaillée.

L'originalité de ces exercices réside dans les éléments suivants :
- **COMPRÉHENSION** : aucun exercice ne peut être fait de manière mécanique sans comprendre le sens des énoncés ou du texte travaillés.
- **INTÉRÊT** : dans la mesure du possible, nous introduisons dans ces exercices des éléments amusants ou qui font réagir l'apprenant. Pour certains exercices, il n'y a pas forcément une seule solution ; cette ambiguïté sur certaines réponses à fournir permet à l'apprenant de réfléchir sur les problèmes de sens.
- **STRATÉGIES** : pour accomplir la tâche qui lui est proposée, l'apprenant est amené à utiliser des stratégies diverses : le problème posé peut être de type syntaxique, de type sémantique ou peut relever de l'environnement socio-culturel. L'apprenant doit par conséquent isoler des informations et les mettre en relation pour trouver la réponse.

Ces exercices auto-correctifs peuvent être utilisés en classe ou individuellement, soit dans le cadre d'une correction collective, soit comme renforcement sur un point particulier.

SOMMAIRE

1	BOÎTE À OUTILS	Page 5
2	IDENTIFICATION / PRÉSENTATION	Page 25
3	DONNER DES INFORMATIONS SUR QUELQU'UN	Page 33
4	DONNER DES INFORMATIONS SUR QUELQUE CHOSE ET SUR SON ENVIRONNEMENT	Page 39
5	PLACE ET SENS DES ADJECTIFS	Page 47
6	DEMANDER UN RENSEIGNEMENT, UNE INFORMATION	Page 51
7	EXPRIMER SES GOÛTS, SON OPINION	Page 55
8	DIRE OU PROPOSER À QUELQU'UN DE FAIRE QUELQUE CHOSE	Page 61
9	RAPPORTER LES PAROLES DE QUELQU'UN	Page 69
10	RELATIONS CAUSE / CONSÉQUENCE – HYPOTHÈSE	Page 75
11	SE SITUER DANS LE TEMPS	Page 81
12	QUANTIFIER	Page 91
13	SE SITUER DANS L'ESPACE	Page 95
14	FRANÇAIS FAMILIER, EXPRESSIONS IMAGÉES	Page 101
15	CONJUGAISONS	Page 111

BOÎTE À OUTILS

Ce chapitre regroupe une série d'exercices portant sur des outils linguistiques utilisés très fréquemment dans toutes les situations de communication.

BOÎTE À OUTILS

Exercice n° 1 **PRONOMS PERSONNELS**

Il arrive que les pronoms personnels aient une signification différente de leur signification habituelle.
● *Que signifient les pronoms personnels mis en caractères gras dans chacun des textes et dialogues proposés ?*

EXEMPLE :	RÉPONSE :
Bon, **on** fait la vaisselle ?	– **on** signifie **nous** – ~~on signifie tu~~ – ~~on signifie je~~

1. Quand **tu** arrives à Mexico, **tu** es tout de suite frappé par l'énormité de la ville. **Tu** dois faire 60 km pour aller du Nord au Sud. À certaines heures, dans le métro, **tu** te retrouves en compagnie de milliers de personnes. Je t'assure, tu devrais aller à Mexico, c'est une drôle de ville.
   – tu *signifie* il
   – tu *signifie* tu
   – tu *signifie* on (*et un petit peu* je)

2. J'ai appris l'espagnol, car là-bas, si **on** ne parle pas espagnol, c'est difficile de rencontrer des gens.
   – on *signifie* je (*et un petit peu* on)
   – on *signifie* tu
   – on *signifie* ils

3. Je **vous** aime beaucoup Suzanne.
   – vous *s'adresse à une personne* (formule de politesse)
   – vous *s'adresse à plusieurs personnes* (vous *collectif*)

4. — Qu'est-ce qui se passe Pierre ? Tu t'en vas ?
   — Pierre, **il** en a assez, et **il** n'est pas prêt de revenir. Allez, salut les gars !
   – il *signifie* tu
   – il *signifie* je
   – il *signifie* on

5. **Tu** vas démarrer, sale bagnole !
   - tu *s'adresse à un ami*
   - tu *s'adresse à sa femme*
   - tu *s'adresse à un véhicule à moteur*

6. Au Brésil, ma femme et moi, **on** parle portugais.
   - on *signifie* nous
   - on *signifie* ils
   - on *signifie* je

7. Dans ce pays, **on** aime beaucoup la France.
   - on *signifie* nous
   - on *signifie* ils
   - on *signifie* il

Exercice n° 2 — PRONOMS PERSONNELS

● *Trouvez à quoi correspondent il, elle, ils ou elles.*

EXEMPLE :	RÉPONSE :
Il est très intelligent.	– ~~ma mère~~ – ~~mon amie~~ – **mon ordinateur**

1. Elle marche très bien, j'ai changé le moteur.
   - ma femme
   - ma voiture
   - ma sœur

2. Ils sont très gentils.
   - mes voisins
   - mes chaussures
   - mes filles

3. Il ne mange plus.
   - mon chien
   - ma voiture
   - mon jardin

4. Elle est trop salée.
   - ma sœur
   - ma soupe
   - mon café

5. Jette-les, elles sont cassées.
   - tes amies
   - tes lunettes
   - ta montre

6. Je la mets au four, elle sera prête dans une demi-heure.
   - la voiture
   - la voisine
   - la tarte

7. Il va à l'école primaire.
   - mon grand-père
   - ma sœur
   - mon frère

8. Il a gagné le Tour de France.
   - Laurent Fignon
   - Yannick Noah
   - Alain Prost

BOÎTE À OUTILS

Exercice n° 3 — PRONOMS PERSONNELS

● *Complétez avec le pronom qui convient (quand il y a un choix, choisissez parmi les pronoms proposés celui qui convient).*

EXEMPLE :	RÉPONSE :
Ma femme et moi, ... ne va jamais au cinéma.	Ma femme et moi, **on** ne va jamais au cinéma.

1 Dépêche-toi, ... vas être en retard.

2 .... cherchent un professeur de mathématiques pour donner des cours particuliers à ma fille.
– tu – je – ils

3 .... peux sortir ?
– je – il – on

4 Pierre, ... pourrais t'arrêter de fumer ?
– je – tu – il

5 .... faut partir, j'ai un rendez-vous à 15 h.

6 .... pleure sur mon cœur comme .... pleut sur la ville.

● *Parmi ces phrases, il y a un vers d'un grand poète français.*
Il s'agit de la phrase n°...
Et ce poète s'appelle ....

Exercice n° 4 — PRONOMS PERSONNELS

● *Quel est le pronom personnel (parmi ceux qui vous sont proposés) qui ne peut en aucun cas être utilisé dans chacune des phrases suivantes ?*

EXEMPLE :	RÉPONSE :
...... suis un cours de français. – je – tu – il	Il s'agit de **il**.

1 .... va passer quelques jours à Bordeaux.
– je – on – elle

2 .... habite près d'ici.
– il – je – on

3 .... ne comprends rien.
– il – je – tu

4 .... est français.
– il – elle – on

5. .... sont très sympathiques.
   – ils – elles – nous

6. .... apprends vite.
   – tu – je – j'

7. .... me connais bien.
   – je – tu – elle

8. .... aime cette fille.
   – tu – j' – il

9. .... va très bien.
   – on – il – tu

10. .... reviennent demain.
    – ils – on – elles

Exercice n° 5 — PRONOMS : LE, LA, LES / EN, Y

● *Dites ce que signifie chacun des pronoms utilisés :*

EXEMPLE :	RÉPONSE :
Je n'**en** bois jamais.	– **du vin** – ~~le lait~~ – ~~de la salade~~

1. Je ne m'**en** souviens plus.
   – de Pierre
   – de cette histoire
   – de Paris

2. J'**y** suis allé une fois. J'ai visité la Mosquée Bleue.
   – en Grèce
   – à Istanbul
   – la Turquie

3. Je **les** prends, elles sont délicieuses.
   – les enfants
   – des oranges
   – ces pommes

4. J'**en** aurai demain.
   – la réponse
   – du poisson
   – du lycée

5. Ils **en** parlent dans les journaux.
   – la météo
   – de son accident
   – à Pierre

6. C'est très bon, mais je n'**en** veux plus.
   – le gâteau
   – de ce gâteau
   – un gâteau

7. Je **les** trouve très bonnes.
   – ces gâteaux
   – cette orange
   – ces mandarines

8. J'**y** retourne la semaine prochaine.
   – en Hollande
   – d'Italie
   – l'Allemagne

BOÎTE À OUTILS

Exercice n° 6 — PRONOMS : LE, LA, LES / EN, Y

● *Trouvez l'expression qui correspond aux pronoms le, la, les, en, y :*

EXEMPLE :	RÉPONSE :
Il **y** va bientôt.	– ~~d'Espagne~~ – ~~du Maroc~~ – **chez Pierre**

1. Je ne **la** connais pas.
   - l'Iran
   - l'Espagnole
   - en Finlande

2. Tu **en** manges souvent ?
   - au restaurant
   - mon frère
   - de l'avocat

3. J'**en** viens.
   - du gâteau
   - d'Alger
   - au Soudan

4. J'**y** pense souvent.
   - à mon frère
   - à mon pays
   - dans mon village

5. Tu **le** vois souvent ?
   - ta voisine
   - tes parents
   - ton père

6. Je m'**y** plais beaucoup.
   - Marie
   - le chocolat
   - à Marseille

7. J'**en** veux deux.
   - sucres
   - amie
   - les robes jaunes

8. Elles **en** rêvent toutes.
   - le paradis
   - la plage
   - du bonheur

Exercice n° 7 — PRONOMS : LE, LA, LES / LEUR, EN, Y

● *Choisissez la bonne réponse :*

EXEMPLE :	RÉPONSE :
Je ne .... aime pas. – y – en – les	Je ne **les** aime pas.

1. Vous .... connaissez bien?
   - en
   - y
   - la

2. Je .... dis ça.
   - y
   - elle
   - leur

3. Ils n'............ comprennent rien.
   – les
   – en
   – y

4. Ils n'............ prennent jamais.
   – y
   – en
   – elles

5. Je ne .... vois jamais.
   – la
   – leur
   – en

6. Je m' .... souviens, c'était en mai !
   – y
   – en
   – elle

Exercice n° 8 — PRONOMS : LE, LA, LES / EN, Y

● *Choisissez la réponse qui convient :*

EXEMPLE :	RÉPONSE :
Tu bois **de l'eau** ?	– ~~Oui, je la bois tous les jours~~. – Oui, j'**en** bois tous les jours. – ~~Oui, j'y bois tous les jours~~.

1. Tu vas **à Lyon** ?
   – Non, j'en viens.
   – Oui, j'y viens.

2. Tu connais **les Îles Marquises** ?
   – Je les connais très bien.
   – Je n'y suis jamais allé.
   – J'en connais trois.

3. Qu'est-ce que tu penses **de lui** ?
   – Je n'en pense rien de bon.
   – J'y pense tous les jours.
   – Je le pense.

4. Tu veux **du gâteau** ?
   – Non, je ne t'en veux pas.
   – Non, je n'en veux pas.
   – Non, je ne le veux pas.

5. Tu prends **l'autobus** ?
   – Oui, j'en prends un.
   – Non, je prendrai un taxi.
   – Non, je n'en prends pas.

6. Tu prends **ta valise** ?
   – Non, j'en laisse ici.
   – Non, je ne la prends pas.
   – Non, je n'en prends pas.

7. Tu manges souvent **dans ce restaurant** ?
   – Oui, je le mange tous les jours.
   – Non, je n'en mange jamais.
   – Oui, j'y vais tous les jours.

BOÎTE À OUTILS

Exercice n° 9 — MASCULIN / FÉMININ

● *Choisissez le si c'est masculin, la si c'est féminin, ? si on ne sait pas :*

EXEMPLE :	RÉPONSE :
Je .... connais très bien. C'est ma voisine.	Je **la** connais très bien. C'est ma voisine.

1. Je .... vois souvent. Il est très sympa.
2. Je .... aime beaucoup, on va se marier.
3. Cette jeune Suisse, je veux absolument .... rencontrer.
4. Si tu veux .... voir, invite-la !
5. Si tu détestes ta cousine, refuse de .... voir !
6. Le petit blond à lunettes, tu .... connais ?
7. C'est ma sœur, tu .... connais ?
8. Si tu .... vois, dis-lui que je voudrais lui parler.
9. Le secrétaire de Pierre, tu .... vois souvent ?
10. Je .... rencontre tous les matins, elle travaille à la poste.

Exercice n° 10 — MASCULIN / FÉMININ

● *Dites si la personne qui écrit est un homme (H) une femme (F) ou si on ne sait pas (NSP) :*

EXEMPLE :	RÉPONSE :		
Je suis jolie.	H	F x	NSP

	H	F	NSP
1. Je m'appelle Dominique			
2. Je suis sympathique			
3. Je m'appelle Alain			
4. Mon mari est en voyage d'affaires			
5. J'ai une femme et trois enfants			
6. Je suis née le 3 avril 1966			
7. J'ai 23 ans, je suis célibataire			
8. J'aime les hommes grands et forts			
9. Je suis marié, je n'ai pas d'enfant			

Exercice n° 11 — MASCULIN / FÉMININ

● *Dites si c'est un homme, une femme ou si on ne peut pas savoir qui a écrit chacune de ces petites annonces :*

EXEMPLE :	RÉPONSE :
Je suis jeune, rousse, célibataire et très sympathique. Je cherche du travail dans le cinéma, la photographie ou la mode.	Il s'agit d'une **femme**.

1. Je suis architecte, j'ai 26 ans. Mince, athlétique, je cherche une amie pour partager mon appartement. Je suis passionnée de voyages et j'adore le jazz.
Réponse : ....

2. Je suis jeune, dynamique. J'ai les yeux bleus. Mon seul défaut : je suis chauve. Je suis médecin généraliste. Je cherche l'âme sœur pour fonder un foyer.
Réponse : ....

3. Jeune secrétaire débutant cherche emploi.
Réponse : ....

4. P.D.G., 35 ans, amoureuse de la vie et de l'action, cherche partenaire même âge pour voyages et aventures.
Réponse : ....

5. Je suis jeune, sympathique et j'adore le sport et les voyages. Je suis psychiatre. Je cherche des compagnons de voyage pour une traversée du Sahara.
Réponse : ....

Exercice n° 12 — MASCULIN / FÉMININ

● *Dites si c'est un homme, une femme ou si on ne sait pas qui a écrit chacun de ces textes :*

1. Ce matin j'ai fait la lessive et j'ai repassé quelques vêtements. Puis je suis allé faire les courses et j'ai préparé le repas.
Réponse : ....

2. Je fais de la boxe. Tout le monde me dit que je suis folle de faire un sport aussi dangereux. Mais que voulez-vous, j'adore ça.
Réponse : ....

3. J'ai arrêté de travailler car j'attends un enfant.
Réponse : ....

4. J'ai rencontré un garçon charmant. Il semble très amoureux de moi. Il faut absolument que je te le présente. Je suis sûre qu'il te plaira.
Réponse : ....

5. J'ai 26 ans, je suis secrétaire au Ministère de l'Éducation Nationale. Je suis célibataire.
Réponse : ....

6. Je suis professeur de français au lycée Victor Hugo. J'adore mon métier mais j'aurais voulu être footballeuse.
Réponse : ....

BOÎTE À OUTILS

Exercice n° 13 — MASCULIN / FÉMININ

C'est une femme qui parle.

● *Choisissez la bonne solution.*

EXEMPLE :	RÉPONSE :
Je m'appelle	– ~~René~~ – Ren**ée**

1. Je suis ....
   – jolie
   – joli

2. Je suis ....
   – veuf
   – célibataire

3. Je suis ....
   – arrivé en Espagne il y a deux ans
   – née en Espagne

4. .... mari est espagnol.
   – mon
   – ma

5. Je suis très ....
   – sportif
   – sportive

6. Je ne suis pas ...., je suis serveuse.
   – riche
   – cuisinier

Exercice n° 14 — MASCULIN / FÉMININ DES MOTS EN « EUR »

● *Cherchez la rime (choisissez entre les deux mots proposés celui qui, mis au féminin, rime avec le mot en italique) :*

EXEMPLE :	RÉPONSE :
Il était amoureux d'une .... Qu'il désirait rendre *heureuse*. – instituteur – serveur	Il était amoureux d'une **serveuse** Qu'il désirait rendre *heureuse*. (car *serveuse* rime avec *heureuse*).

1. Je suis une grande ....
   Dit-elle avec *malice*.
   – menteur
   – séducteur

2. Je ne suis pas *calculatrice*,
   Je suis ....
   – agriculteur
   – éleveur

3. C'est au cours de sa vie *aventureuse*
   Qu'il rencontra une ....
   – voleur
   – docteur

4. C'est une bonne ....
   Dit l'agent de *police*.
   – professeur
   – conducteur

5. C'est une bonne ....
   Dit-elle d'une voix *rageuse*.
   – nageur
   – organisateur

6. Je suis ....
   Dit-elle à la *police*.
   – éducateur
   – entraîneur

Exercice n° 15 — MASCULIN / FÉMININ DES MOTS EN « EUR »

● *Classez les mots du texte qui font leur féminin en « euse » dans l'une des catégories suivantes:*

C'est une menteuse. Quand je veux la vérité, c'est une horreur. Elle me traite de voleur, moi qui suis si sérieux, qui ne m'occupe pas des histoires honteuses. Je reste malheureux, et lui dis d'une voix rageuse : – Tu as une curieuse conception de l'honneur. – Tu n'es pas très travailleur, ajoute-t-elle d'une voix railleuse.

heur**eux**/heur**euse**	serv**eur**/serv**euse** ment**eur**/ment**euse**

Exercice n° 16 — MASCULIN / FÉMININ DES ADJECTIFS

● *Cherchez l'intrus : L'« intrus » est un adjectif qui se distingue des autres au niveau de la formation et de la prononciation du féminin.*

EXEMPLE :	RÉPONSE :
Il est très gentil. C'est inutile. Il est très subtil. C'est facile.	Il s'agit de **gentil** (féminin : gentille) qui se prononce différemment au masculin et au féminin. Inutile, facile, s'écrivent et se prononcent de la même façon au masculin et au féminin. Subtil (et son féminin subtile) se prononcent de la même façon, mais s'écrivent différemment au masculin et au féminin.

1️⃣ Je préfère le bleu clair.
Ce village est très joli.
Il a un goût amer.
Je suis arrivé l'an dernier.
Je suis fier de lui.

L'intrus : ....

2️⃣ C'est un progrès prodigieux.
Il est plus vieux que moi.
Joyeux anniversaire !
C'est un garçon courageux.
Je suis très sérieux.

L'intrus : ....

3️⃣ C'est inhumain.
Je préfère les transports aériens.
Il y avait un passager clandestin.
Ce climat n'est pas très sain.
Il est plein de courage.

L'intrus : ....

Exercice n° 17 — ADJECTIFS EN « ANT » ET « ENT »

La particularité des adjectifs en « ant » est la suivante : presque toujours, à un adjectif en « ant » correspond un verbe :

EXEMPLE :	VERBE :
brûl**ant**	brûler
cour**ant**	courir
déplais**ant**	déplaire
	etc.

La particularité des adjectifs en « ent » est la suivante : à presque chaque adjectif en « ent » correspond un nom en « ence ».

EXEMPLE :	NOM :
fréqu**ent**	la fréqu**ence**
prud**ent**	la prud**ence**
	etc.

Cet exercice est basé sur cette particularité.

● *Pour chaque groupe proposé, cherchez l'« intrus », c'est-à-dire l'adjectif qui se distingue de tous les autres, donc constitue une exception par rapport à la règle ci-dessus :*

1. C'est un cas très intéressant.
Il n'est pas méchant.
Je suis très méfiant.
C'est une histoire amusante.
C'est un tissu très résistant.

L'intrus : ....

2. C'est un garçon très élégant.
Il fait des progrès constants.
Il est resté très distant.
C'est une histoire désolante.
Cette fille est extravagante.

L'intrus : ....

3. Il est souvent absent.
C'est un garçon très patient.
Ce travail est excellent.
Je serai présent à cette réunion.
Il est très content de toi.

L'intrus : ....

Exercice n° 18 — PLURIEL DES MOTS EN « AL »

● *Cherchez la rime (mettre au pluriel si nécessaire) :*

EXEMPLE :	RÉPONSE :
Je trouve ces tableaux Tout à fait .... – banal – original	Je trouve ces tableaux tout à fait **originaux.** (pluriel de banal : banals)

1. Pour fêter Carnaval
   Ces costumes sont ....
   – génial
   – idéal

2. Après ces événements ....
   Il rentra dans son pays natal.
   – phénoménal
   – fatal

3. Ils partirent à cheval
   Malgré des froids ....
   – glacial
   – anormal

4. Il vivait près du canal
   En face des chantiers ....
   – naval
   – national

5. Il trouvait ces animaux
   Tout à fait ....
   – banal
   – normal

Exercice n° 19 — PLURIEL DES MOTS EN «AL» ET «AIL»

● *Choisissez le mot qui, au pluriel, fait la rime:*

EXEMPLE :	RÉPONSE :
Dans tous les journaux On ne parle que de ses............... – travail – récital	Dans tous les journaux On ne parle que de ses **travaux.** (pluriel de récital : récitals)

1. De tous les ....
   C'est le plus beau.
   – carnaval
   – cristal

2. Au loin dans les roseaux
   On entendait le cri des ....
   – chacal
   – animal

3. Dans toutes les rues de la capitale
   Il y avait de grands ....
   – bal
   – travail

4. Quand le soleil est au plus haut
   Il illumine tous les ....
   – vitrail
   – détail

5. Elle visitait les hôpitaux
   Et distribuait des ....
   – chandail
   – journal

BOÎTE À OUTILS

Exercice n° 20 — POSSESSIFS

● *Remplacez les expressions entre parenthèses par une expression plus simple (la plus courte possible) :*

EXEMPLE :	RÉPONSE :
Je vais passer mes vacances chez .... (le frère de mon père)	**mon oncle** (c'est le frère de mon père)

1. .... s'appellent Pierre et Paul.
(les enfants du frère de mon père)

2. .... habitent à Limoges.
(le père et la mère de mon père)

3. Il va faire des courses avec ....
(le mari de sa sœur)

4. .... est très sympathique.
(la mère de ma femme)

5. .... nous a invités à déjeuner.
(la femme qui habite à côté de chez moi)

6. .... travaillent très bien à l'école.
(mon fils et ma fille)

7. J'ai invité .... à passer quelques jours à la maison.
(les enfants de ma sœur)

8. Je ne connais pas ....
(l'homme qu'elle a épousé)

9. J'adore ma ....
(la femme de mon fils)

10. Elle est chez ma ....
(la femme de mon frère)

18

Exercice n° 21 — POSSESSIFS

• *Complétez les phrases suivantes:*

1. C'est ma .... Elle s'appelle Annie.
   - amie
   - femme
   - père

2. Je te présente ma .... Elle est plus jeune que moi.
   - mère
   - fils
   - sœur

3. Je préfère prendre ma .... Elle est plus rapide.
   - voiture
   - cravate
   - auto

4. Mets ton ...., il fait très froid !
   - lunettes
   - manteau
   - parapluie

5. Je te retrouve à mon ...., chambre 108.
   - hôtel
   - maison
   - voiture

6. J'ai perdu mes .... Je n'y vois plus rien !
   - chaussures
   - lunettes
   - briquet

7. Je prends mon ...., je ne suis pas pressé.
   - chaussures
   - part
   - temps

8. Dans mon ...., il y a un café et une épicerie.
   - village
   - ville
   - pays

9. Je vais à ma .... chercher de l'argent.
   - bureau
   - boulangerie
   - banque

10. Aujourd'hui, il a 18 ans. C'est son ....
    - anniversaire
    - fête
    - majorité

BOÎTE À OUTILS

Exercice n° 22 — ARTICLES : LE, LA, LES / UN, UNE, DES

● *Complétez les phrases suivantes en utilisant* **le**, **la**, **l'**, **les** *ou* **un**, **une**, **des** :

EXEMPLE :	RÉPONSE :
C'est .... mari de Claudine.	C'est **le** mari de Claudine. (Claudine n'a qu'un mari)

1. Il y a .... lettre pour toi.
2. .... météo prévoit du soleil sur toute la France.
3. J'ai pris .... train de 23 h 40.
4. C'est .... village où je suis né.
5. Lima, c'est .... capitale du Pérou.
6. Il y a .... Monsieur qui veut te parler.
7. C'est ....père de Pierre.
8. Il a rencontré .... Président de la République, hier matin à l'Elysée.
9. Pour aller à mon travail, je prends .... métro.
10. Je te présenterai .... parents de Claude.
11. C'est .... ami de longue date.
12. C'est .... anniversaire de Claudine.

Exercice n° 23 — ARTICLES : LE, LA, LES / DU, DE LA, DES

● *Choisissez entre* **le**, **la**, **l'**, **les** *et* **du**, **de la**, **de l'**, **des** *pour compléter les phrases* :

EXEMPLE :	RÉPONSE :
Aujourd'hui il y a .... soleil.	Aujourd'hui, il y a **du** soleil.

1. Arrête de faire .... bruit ! Je veux dormir !
2. Je n'aime pas .... pluie.
3. Tu as .... chance.
4. Vous prenez .... sucre dans votre café ?
5. .... soleil brille, ... oiseaux chantent, c'est .... printemps !
6. Je m'arrête à la première station service, je dois prendre .... essence.
7. Elle fonctionne à .... électricité.
8. Aujourd'hui, il y a .... vent.
9. Il y a .... orage dans l'air.
10. Ouvre .... porte.
11. Arrête de faire .... clown, je veux dormir !
12. Doucement, on a .... temps !

Exercice n° 24 — ARTICLES : LE, LA, LES / UN, UNE, DES

● *Choisissez entre le, la, l', les et un, une, des :*

EXEMPLE :	RÉPONSE :
A Paris, j'ai visité .... Tour Eiffel.	A Paris, j'ai visité **la** Tour Eiffel.

1. Est-ce que tu peux m'aider ? J'ai .... problèmes.
2. C'est .... meilleure soirée de ma vie.
3. J'ai acheté .... nouvelle voiture.
4. J'ai épousé .... femme de ma vie.
5. C'est .... film que je préfère.
6. J'ai visité .... Tour de Pise.
7. Il habite dans .... tour, dans la banlieue parisienne.
8. Deux buts à zéro pour .... O.M. de Marseille.
9. J'ai .... minute à te consacrer.
10. Il a .... femme et deux enfants.

Exercice n° 25 — PRÉPOSITIONS : DE / À

● *Complétez les phrases suivantes en utilisant de ou à :*

EXEMPLE :	RÉPONSE :
– Je voudrais une tasse............ thé. – Excusez-moi de vous servir le thé dans une tasse...... café. Je n'ai pas de tasse .... thé.	– Je voudrais une tasse **de** thé. – Excusez-moi de vous servir le thé dans une tasse **à café**. Je n'ai pas de tasse **à** thé.

1. Nous allons passer le week-end dans sa maison .... campagne.
2. Je cherche un appartement .... louer.
3. Je me chauffe avec un poêle .... bois.
4. Non, merci, ça me suffit, je viens de boire un verre .... bière.
5. C'est fantastique ! Il a mangé des lames .... rasoir et un verre .... eau.
6. J'ai oublié ma crème .... raser à l'hôtel.
7. Il y a deux chambres .... coucher, une salle .... bains et une belle salle .... manger.
8. N'oublie pas ton slip .... bain. On va se baigner.
9. Qu'est-ce que tu préfères ? Un stylo .... plume ou un stylo .... bille ?
10. Il fait partie de ceux qui croient qu'un kilo .... plomb est plus lourd qu'un kilo .... plumes.

BOÎTE À OUTILS

Exercice n° 26 — APOSTROPHE

● *Complétez les phrases suivantes en choisissant le nom qui convient parmi les réponses proposées :*

EXEMPLE :	RÉPONSE :
Mon tableau favori, c'est *Le déjeuner sur l'*............ de Manet.	– ~~hamac~~ – **herbe** – ~~autoroute~~

Édouard Manet
Le déjeuner sur l'herbe, 1863

1 Le .... fait bien les choses.
(Proverbe français) .
– hasard
– hérédité
– humour

2 Il joue du .... dans un orchestre symphonique.
– hautbois
– harmonica
– harpe

3 L'............... de ce roman te ressemble.
– héros
– héroïne

4 Il a déterré la .... de guerre.
– hache
– heure

5 Il est infirmier à la ....
– hôpital
– clinique

6 J'apprécie beaucoup son ....
– honnêteté
– précision
– hargne

7 Il a l' .... fraîche.
– air
– humour
– haleine

8 Il a pris la .... et m'a menacé.
– harpon
– hache
– haltère

9 Il a le sens de la ....
– honneur
– hiérarchie

10 Il y avait huit femmes dans l'............
– hôpital
– harem
– hall

Exercice n° 27 — ÊTRE / AVOIR

Le choix de *être* ou *avoir* pour former certaines expressions est quelquefois difficile, surtout lorsque c'est différent dans votre langue maternelle (pour les anglophones par exemple).

● *Complétez les phrases suivantes en utilisant **être** ou **avoir** :*

EXEMPLE :	RÉPONSE :
Elle............. les yeux bleus.	Elle **a** les yeux bleus.

1. Ils .... peur de moi.
2. Tu .... de la chance !
3. Tu .... confiance en lui ?
4. Il .... malade.
5. Je .... affamé.
6. Est-ce que vous .... faim ?
7. Est-ce que vous .... 5 minutes à m'accorder ?
8. La poste .... à 5 minutes d'ici.
9. J'............... mille choses à faire.
10. Elle .... chaude, tu vas te brûler !
11. Elle .... chaud. Ouvre la fenêtre !
12. Vous .... un menteur !
13. Vous .... l'heure ?
14. Il .... temps de partir.
15. Est-ce qu'il .... le temps ?
16. Il .... 8 ans.
17. J' .... froid.
18. Vous .... Paul Bertrand ?
19. Je .... gelé !
20. Il .... très vieux.

Exercice n° 28 — APPELER / S'APPELER

C'est un des premiers verbes que vous devez connaître. Mais attention aux apparences ! Selon sa construction *(appeler / s'appeler)*, ce verbe a plusieurs sens possibles.

● *Choisissez le pronom qui convient. Attention au sens !*

EXEMPLE :	RÉPONSE :
.... m'appelle Andrée. Je vis à New York. – tu – je – nous	**Je** m'appelle Andrée. Je vis à New York.

1. .... m'appelle Zézette. Je n'aime pas ce surnom.
– on – ils – tu

2. Quand .... appelez New York, soyez bref. La communication coûte cher.
– vous vous – vous – on

BOÎTE À OUTILS

3 Il faut qu' .... appellent un docteur. Il est très malade.
– ils s' – on m' – elles

4 .... appelles quand tu veux. Je reste à la maison tout le week-end.
– je m' – tu m' – tu t'

5 .... nous appelons au moins une fois par jour.
– je – ils – nous

6 .... m'appelle au moins trois fois par jour. C'est insupportable.
– je – il – vous

7 .... appelle par son prénom.
– il l' – je vous – elle

8 Voulez-vous que .... appelle un taxi ?
– vous vous – je l' – je vous

IDENTIFICATION PRÉSENTATION

Ce chapitre regroupe une série d'exercices portant sur des outils linguistiques utilisés très fréquemment dans les situations de communication où l'on est amené à se présenter, à faire connaissance.

IDENTIFICATION PRÉSENTATION

Exercice n°29   **IDENTIFICATION/PRÉSENTATION**

● *Observez attentivement cette petite fiche de présentation :*

> NOM : Carpentier
> PRÉNOM : Dominique
> DATE DE NAISSANCE : 21/3/1963
> PROFESSION : enseignant
> SITUATION DE FAMILLE : veuf
> NOMBRE D'ENFANTS : 1
> DATE DE NAISSANCE DES ENFANTS : 16 mars 1983
> LIEU DE RÉSIDENCE : Besançon
> LIEU DE TRAVAIL : Besançon
> ADRESSE : 15 rue de la Préfecture

● *Quel est, de ces trois textes, celui qui correspond à la fiche de Dominique Carpentier ?*

Texte 1

.... , le 20 mars 1988
Je m'appelle .... Je vais avoir 25 ans dans 3 jours. Ma fille ne va pas encore à l'école. C'est dur d'élever un enfant quand on est seule.
Pour me rendre à mon travail, je dois faire quotidiennement plus de 20 km, car j'habite à la campagne.
Je m'occupe d'informatique dans une petite entreprise de province. Je rêve de trouver un travail un petit peu plus passionnant.

Texte 2

.... , le 20 mars 1988
Je m'appelle .... Je viens d'avoir 25 ans. J'ai un petit garçon de 18 mois. Je suis célibataire. J'habite dans le treizième arrondissement, à deux pas du collège où j'enseigne l'espagnol. Mon rêve, fuir de la capitale et m'installer à la campagne.

Texte 3

.... , le 20 mars 1988
Je m'appelle .... Parisien d'origine, j'habite et je travaille actuellement dans une petite ville de province de l'est de la France. J'ai une petite fille de 5 ans qui comme moi est du signe des poissons.
Je suis né le jour du printemps, je suis assistant à l'université, spécialisé en informatique.

Exercice n° 30 — NON/SI/OUI

Répondre à une question négative ou positive.

● *Complétez les phrases en utilisant **non, si, oui** :*

EXEMPLE :	RÉPONSE :
– Tu parles chinois ? – .... , pas du tout.	– **Non**, pas du tout.

1. – Vous ne connaissez pas Jeanne ?
   – .... , depuis 2 ans.

2. – Vous êtes allemand ?
   – .... , je viens de Francfort.

3. – Vous avez des enfants ?
   – .... , trois, deux garçons, une fille.

4. – Vous ne parlez pas français ?
   – .... , un peu.

5. – Vous êtes marié ?
   – .... , célibataire.

6. – Vous venez du Brésil ?
   – .... , de Sao Paulo.

7. – Vous n'habitez pas à Paris ?
   – .... , dans le 5e arrondissement.

8. – Vous ne le connaissez pas ?
   – .... , je l'ai vu une fois chez vous.

Exercice n° 31 — NON/SI/OUI

Répondre à une question négative ou positive.

● *Faites correspondre les questions de la colonne de gauche avec les réponses de la colonne de droite :*

Tu viens ? •   • Si, j'arrive.
Tu n'as pas d'argent ? •   • Non. Elle n'est pas là.
Tu ne la vois pas ? •   • Non, allemand.
Il n'y a pas de place ? •   • Si, ça va.
Ce n'est pas bon ? •   • Si, au troisième rang.
Tu parles anglais ? •   • **Oui.**
Tu ne viens pas ? •   • Si, j'ai 50 francs.

IDENTIFICATION PRÉSENTATION

Exercice n° 32 — NÉGATION

● *Complétez les phrases en choisissant la réponse qui convient :*

EXEMPLE :	RÉPONSE :
Il ne parle .... espagnol. – pas du tout – rien – rien du tout	Il ne parle **pas du tout** espagnol.

1. Je ne suis .... français.
   – pas
   – pas de
   – rien

2. Il n'a .... chance.
   – pas
   – pas de
   – rien de

3. Non, merci, je ne veux plus ....
   – rien
   – du tout
   – pas

4. Je ne dirai ....
   – pas
   – pas du tout
   – rien

5. Il est presque sourd, il n'entend ....
   – rien
   – tout
   – un peu

6. Il ne parle pas bien français, mais il comprend ....
   – rien
   – pas
   – tout

Exercice n° 33 — POSER UNE QUESTION

● *Choisissez la réponse qui correspond aux questions* **Est-ce que...? / Qu'est-ce que...?** :

EXEMPLE :	RÉPONSE :
Qu'est-ce que tu lis ?	– ~~non je dors~~ – **un roman policier** – ~~pas du tout~~

1. Est-ce que tu manges ?
   – Du fromage.
   – Non, je n'ai pas faim.
   – Rien du tout.

2. Qu'est-ce que tu veux ?
   – Un café.
   – Oui, d'accord.
   – Non, pas ce soir.

3. Qu'est-ce que c'est ça ?
   – Oui, c'est ça.
   – Non, tu te trompes.
   – C'est un petit cadeau.

4. Est-ce que tu écoutes ?
   – De la musique.
   – Non, ça ne m'intéresse pas.
   – La radio.

5. Qu'est-ce que tu regardes ?
   – Non, tu peux éteindre.
   – Oui, ça m'intéresse.
   – Un film.

6. Qu'est-ce que tu bois ?
   – Oui, avec plaisir.
   – Non, je n'ai pas soif.
   – De l'eau.

Exercice n° 34 — TU/VOUS

● *Dites pour chacun des dialogues suivants qui sont les interlocuteurs :*

Dialogue 1

- Bonjour Pierre, tu vas bien ?
- Oui, vous voulez voir mon père ?
- Oui, tu peux l'appeler ?

1. une mère et son fils
2. deux personnes qui ne se connaissent pas
3. un adulte et un enfant

Dialogue 2

- Excuse-moi, est-ce que tu pourrais m'indiquer où se trouve la gare ?
- Tu vas tout droit, c'est au bout de la rue.

1. un passant et un agent de police
2. deux jeunes gens d'une vingtaine d'années qui ne se connaissent pas
3. un adulte et un enfant

Dialogue 3

- Ça va ?
- Bof.....
- T'as des problèmes ?
- Le fric, comme d'habitude....

1. deux amis
2. deux personnes qui ne se connaissent pas
3. un employé parlant à son directeur

Dialogue 4

- Bonjour, tu t'appelles comment ?
- Sophie.
- Moi, c'est Pierre.
- Qu'est-ce que tu suis comme cours ?
- Philo.

1. un jeune homme et une jeune fille qui ne se connaissent pas
2. deux enfants dans la cour de l'école
3. un adulte et un enfant

IDENTIFICATION PRÉSENTATION

Exercice n° 35   PARLER À UN AMI OU À UN INCONNU

- *Cherchez l'erreur. Dans chaque dialogue, il y a une erreur de communication. Laquelle ?*

EXEMPLE :	RÉPONSE :
– Bonjour Monsieur. – Bonjour Madame, que désirez-vous ? – Je voudrais un aller-retour Lyon Paris. – En première ou deuxième classe ? – En seconde. – Voilà, cela fait cinq cents balles.	**cinq cents balles** (cette expression fait partie du langage familier). Dans une telle situation, il faudrait dire : cinq cents francs.

Dialogue 1

– Tu as quel âge mon petit ?
– 6 ans....
– Et qu'est-ce qu'il fait votre papa ?
– Il est commerçant.

L'erreur : ....
....
....
....

Dialogue 2

– Pardon Monsieur, est-ce que vous pourriez me dire comment faire pour aller à la gare ?
– Vous continuez tout droit, c'est au bout de cette avenue.
– Merci, ciao !
– À votre service.

L'erreur : ....
....
....
....
....
....

Dialogue 3

– Où est-ce que vous allez Papa ?
– À la poste, et toi c'est l'heure d'aller à l'école.

L'erreur : ....
....
....

Dialogue 4

– Salut Pierre, comment allez-vous ?
– Très bien. Et toi ?

L'erreur : ....
....

Exercice n° 36 — PARLER À UN AMI OU À UN INCONNU

● *Dites si la personne qui parle s'adresse à un ami ou à quelqu'un qu'elle ne connaît pas :*

	Ami	Inconnu
Exemple : Salut !	X	
1. Hé ! Dis-donc ! C'est interdit de stationner ici !		
2. Nom, prénom et date de naissance !		
3. Heureux de faire votre connaissance !		
4. Tu t'appelles comment mon petit ?		
5. Je n'ai pas le plaisir de vous connaître.		
6. Dépêche-toi ! On va être en retard !		
7. Soyez poli et arrêtez de me tutoyer !		
8. Dites donc ! Il faut attendre son tour comme tout le monde…		
9. Tu es d'ici ?		
10. Police ! Tes papiers !		

IDENTIFICATION PRÉSENTATION

Exercice n° 37 — SALUTATIONS

● *Faites correspondre chaque phrase de l'ensemble A à une phrase de l'ensemble B, puis précisez pour chaque phrase de l'ensemble A, dans quelle situation elle peut être dite (en vous aidant de la liste C) :*

Ensemble A

1. Bonsoir Mademoiselle
2. Salut, Jacques
3. Bonjour Madame
4. Bonsoir Madame, bonsoir Mademoiselle, bonsoir Monsieur
5. Mesdames, Messieurs
6. Salut

Ensemble B

a. Tu viens prendre un café ?
b. Est-ce que vous avez le dernier numéro du *Point* ?
c. C'est la première fois que vous venez ici ?
d. J'ai l'honneur de vous accueillir dans ce lieu prestigieux...
e. Tu es étudiant en Lettres ?
f. La reprise des combats au Liban, c'est l'événement le plus marquant de ce 27 août...

Liste C	Phrase n°
Le journal télévisé du soir.	....
Une réception formelle.	....
Une discothèque.	....
Un bar proche de l'Université.	....
Un magasin de journaux.	....
Un bureau, deux collègues.	....

DONNER DES INFORMATIONS SUR QUELQU'UN

Ce chapitre regroupe une série d'exercices portant sur des outils linguistiques utilisés très fréquemment dans les situations de communication où l'on est amené à donner des informations sur l'aspect physique, les activités, l'identité de quelqu'un.

3. DONNER DES INFORMATIONS SUR QUELQU'UN

Exercice n° 38 — DÉFINIR QUELQU'UN

● *Remplacez la partie du texte en caractères italiques par une des expressions proposées :*

EXEMPLE :	RÉPONSE :
Ce soir je suis invité chez *la dame qui habite en face de chez moi*.	– **ma voisine** – ~~mon copain~~ – ~~mes parents~~

1. Je vais chez *le Monsieur qui tient un magasin d'alimentation*.
   - le boucher
   - le garagiste
   - l'épicier

2. Si tu vas chez *la dame qui vend des baguettes et des bâtards*, achète-moi une religieuse.
   - la boulangère
   - le marchand de journaux
   - le curé

3. Je l'ai laissée *chez l'homme qui change l'huile et répare les soupapes*.
   - chez le docteur
   - dans un bar
   - au garage

4. Est-ce que *l'homme qui répare les lavabos et les bidets* est passé ?
   - le facteur
   - le maçon
   - le plombier

5. Je suis passé chez *l'homme qui vend des pieds panés et de la bavette*. Je t'ai acheté des paupiettes.
   - le cordonnier
   - le boucher
   - le tailleur

6. Je vais *chez la dame qui fait des permanentes et des mises en pli*. Je serai de retour vers 18 h.
   - à la poste
   - chez la coiffeuse
   - à l'hôpital

7. Si tu passes *chez l'homme qui vend des camemberts et du bleu d'Auvergne*, achète moi une livre de gruyère.
   - le poissonnier
   - le fromager
   - le quincaillier

8. Je vais chez *l'homme qui vend des turbots et des moules*.
   - le garagiste
   - le boulanger
   - le poissonnier

Exercice n° 39 — RELATIFS : QUI

● *Réorganisez toutes les informations données en utilisant **qui** :*

EXEMPLE :	RÉPONSE :
– Colomb – Fernand – de Gama – Eric – de Magellan – Christophe – Tabarly – Vasco – navigateur génois – navigateur portugais – navigateur portugais – navigateur français – il ouvre la route des Indes en 1497 – il réalise le premier voyage autour du monde en 1520 – il découvre l'Amérique en 1492 – il gagne la course autour du monde en solitaire en 1974 et 1976	Christophe Colomb, c'est le navigateur génois **qui** a découvert l'Amérique en 1492. Vasco de Gama c'est le navigateur portugais **qui** a ouvert la route des Indes en 1497. Fernand de Magellan, c'est le navigateur portugais **qui** a réalisé le premier voyage autour du monde en 1520. Eric Tabarly, c'est le navigateur français **qui** a gagné la course autour du monde en solitaire en 1974 et 1976.

1. – Pasteur   – Ian   – savant français   – invente le personnage de James Bond
   – Fleming   – Alexander – médecin britannique – découvre le vaccin contre la rage
   – Fleming   – Alfred   – écrivain anglais   – découvre la pénicilline
   – Nobel   – Louis   – chimiste suédois   – invente la dynamite

2. – Einstein   – Isaac   – physicien anglais   – isole le radium
   – Newton   – Marie   – physicien allemand   – obtient le prix Nobel en 1903
   – Curie   – Pierre   – physicienne française – invente le télescope
   – Curie   – Albert   – physicien français   – obtient le prix Nobel en 1921

3. – Armstrong – Neil   – écrivain français   – auteur de *On a marché sur la lune*
   – Armstrong – Jules   – astronaute américain – auteur de *De la terre à la lune*
   – Rémi   – Louis   – dessinateur belge   – marche sur la lune le 21/7/69
   – Verne   – Georges – musicien américain   – auteur de *O when the saints*

DONNER DES INFORMATIONS SUR QUELQU'UN

Exercice n° 40 — EXPRESSIONS UTILISANT DES RELATIFS

● *Complétez en choisissant parmi les réponses proposées celle qui convient :*

EXEMPLE :	RÉPONSE :
.... perd sa place. – Qui trop embrasse – Qui va à la chasse – Tel qui rit vendredi	**Qui va à la chasse** perd sa place.

1. .... dimanche pleurera.
   - tant va la cruche à l'eau qu'à la fin
   - tel qui rit vendredi
   - qui trop embrasse

2. Il faut se méfier de l'eau ....
   - qui dort
   - qui va à la chasse
   - qui dîne

3. .... mal étreint.
   - qui trop embrasse
   - qui va à la chasse
   - il faut se méfier de l'eau qui

4. Ce sont les cordonniers ....
   - qui dort
   - qui sont les plus mal chaussés
   - qui veut le plus

5. .... peut le moins.
   - qui trop embrasse
   - qui va à la chasse
   - qui peut le plus

6. N'éveillez pas le chat ....
   - qui dort
   - qui va à la chasse
   - qui a bu

7. .... boira.
   - qui veut voyager loin
   - qui a bu
   - qui veut la fin

8. .... veut les moyens.
   - qui veut voyager loin
   - qui vole un œuf
   - qui veut la fin

9. .... ménage sa monture.
   - qui va à la chasse
   - qui sème le vent
   - qui veut voyager loin

10. .... s'assemble.
    - qui aime bien
    - qui se ressemble
    - qui s'y frotte

11. Tel est pris ....
    - qui croyait prendre
    - qui vole un œuf
    - qui récolte la tempête

12. .... récolte la tempête.
    - qui vole un œuf
    - qui aime bien
    - qui sème le vent

13. Il n'y a que la vérité ....
    - qui coûte
    - qui blesse
    - qui dort

14. .... châtie bien.
    - qui dort
    - qui vole un œuf
    - qui aime bien

Exercice n° 41 — RELATIFS

● *Dites si les mots mis en caractères gras sont des relatifs :*

	oui	non
Exemple : Il faut **qu'**il parte.	X	
1. Il y a quelqu'un **qui** frappe à la porte.		
2. **Qui** est-ce ?		
3. Advienne **que** pourra !		
4. C'est un problème **qui** le préoccupe beaucoup.		
5. C'est cela **ou** rien.		
6. **Où** vas-tu de si bon matin ?		
7. C'est le village **où** je suis né.		
8. La seule chose **dont** je me souvienne, c'est d'un grand choc.		
9. Il est moins bête **que** toi.		

Exercice n° 42 — RELATIFS : QUI/QUE/DONT

Les expressions qui entraînent très souvent l'utilisation d'un pronom relatif :
   il y a + quelqu'un, quelque chose + relatif
   c'est + quelqu'un, quelque chose + relatif
   voilà + quelqu'un, quelque chose + relatif

● *Complétez en utilisant* **qui**, **que** *ou* **dont** *:*

1. C'est un ami .... je voudrais vous présenter.
2. C'est une solution .... je trouve excellente.
3. Il y a quelqu'un .... désire vous parler.
4. Voilà l'homme .... tout le monde parle.
5. C'est le Monsieur .... vous a téléphoné à plusieurs reprises.
6. C'est une voiture .... va plaire au public.
7. C'est le film .... a battu tous les records d'affluence en 1989.
8. C'est quelqu'un .... il ne faut pas sous-estimer les qualités.
9. C'est une histoire .... personne ne se souvient.
10. C'est une soirée .... je n'oublierai jamais.

3. DONNER DES INFORMATIONS SUR QUELQU'UN

Exercice n° 43 — RELATIFS : QUI/QUE/DONT

● *Complétez en utilisant* **qui, que, dont** *:*

1. J'ai retrouvé le portefeuille .... tu as perdu.
2. Pierre .... roule n'amasse pas mousse. (Proverbe)
3. C'est un problème .... j'ignorais l'existence.
4. C'est à vous le portefeuille .... a été perdu ?
5. Je connais quelqu'un .... peut t'aider.
6. C'est quelqu'un .... je veux aider.
7. Tiens ! Voilà la fille .... je suis amoureux.
8. Tiens ! Voilà la fille .... j'aime.
9. Tiens ! Voilà la fille .... est amoureuse de Pierre.
10. C'est quelqu'un .... j'aime beaucoup la franchise.

Exercice n° 44 — RELATIFS : QUI/QUE/DONT/OÙ

● *Complétez en utilisant* **qui, que, où, dont** *:*

EXEMPLE :	RÉPONSE :
Pierre Chevalier, c'est le jeune homme............ je vous ai présenté au cours de la réunion de samedi.	Pierre Chevalier, c'est le jeune homme **que** je vous ai présenté au cours de la réunion de samedi.

1. Pierre Chevalier, c'est le jeune homme .... vous a été présenté au cours de la réunion de samedi.
2. Pierre Chevalier, c'est le jeune homme .... vous a présenté son projet au cours de la réunion de samedi.
3. Pierre Chevalier, c'est le patron du restaurant .... je vous ai présenté mon projet samedi.
4. Pierre Chevalier, c'est le jeune homme .... je vous ai présenté le projet au cours de la réunion de samedi.
5. Pierre Chevalier, c'est le jeune homme .... le projet a été présenté samedi.
6. C'était chez Pierre Chevalier .... il vous a présenté son projet.
7. C'est chez Pierre Chevalier .... je vous présenterai son projet.
8. C'est le restaurant .... Pierre Chevalier vous a présenté son projet.
9. C'est le projet .... Pierre Chevalier vous a présenté au cours de la réunion de samedi.

DONNER DES INFORMATIONS SUR QUELQUE CHOSE ET SUR SON ENVIRONNEMENT

Ce chapitre regroupe une série d'exercices portant sur des outils linguistiques utilisés très fréquemment dans les situations de communication où l'on est amené à donner des informations sur l'aspect physique, les caractéristiques, l'utilisation d'un objet et sur le contexte dans lequel on vit : caractéristiques, particularités, localisation, etc.

4. DONNER DES INFORMATIONS SUR QUELQUE CHOSE ET SUR SON ENVIRONNEMENT

Exercice n° 45 — PARLER D'UN OBJET OU D'UNE PERSONNE

- *Quel est l'objet ou la personne dont on parle?*

1 ....
Elle a seulement 2 ans. J'ai refait les freins et l'embrayage. Elle est équipée d'un auto-radio.

2 ....
Elle est toute neuve. Je ne m'en suis jamais servi. Je te la vends 900 francs et en plus je te donne le porte-bagages.

3 ....
Elle est très jolie. Je l'ai rencontrée dans un camping. Je l'aime beaucoup. Viens à la maison demain soir, je te la présenterai.

4 ....
Elle est toute petite. Elle ne pèse pas lourd. C'est une canadienne. Je te la laisse pour 400 francs. En prime un sac-à-dos pour la transporter. C'est idéal pour le camping sauvage.

5 ....
Je te le confie. Il faut que tu lui examines les reins, les artères et le foie.

6 ....
Il est très rapide. Disque dur de 20 mégas, moniteur couleur.

7 ....
Il court très vite. Moins de 10 secondes au 100 mètres. Il est très fort au lancer du disque. Il est moniteur dans un gymnase.

8 ....
Il a perdu les pédales. Il déraille complètement. On l'a interné dans un asile canadien.

Exercice n° 46

PARLER D'UN OBJET

● *Dites quel objet correspond à chaque série d'informations données :*

1 : ....

C'est rond.
Ça ne tient pas dans la main.
Ça ne se mange pas.
Ça sert à jouer.

2 : ....

C'est rond.
Ça se mange.
C'est vert, jaune ou rouge.
Ça a une valeur symbolique.

3 : ....

C'est rectangulaire.
Ça se tient dans la main.
Ça sert à jouer.
Ça ne se mange pas.

4 : ....

C'est rond.
C'est rouge.
Ça se mange.
Il ne faut pas avaler le noyau.

5 : ....

C'est ovale.
Ça se mange.
Ça se casse.
C'est jaune et blanc quand c'est cuit.

4. DONNER DES INFORMATIONS SUR QUELQUE CHOSE ET SUR SON ENVIRONNEMENT

Exercice n° 47 — PARLER D'UN OBJET

● *Dites quel objet correspond à chaque série d'informations données :*

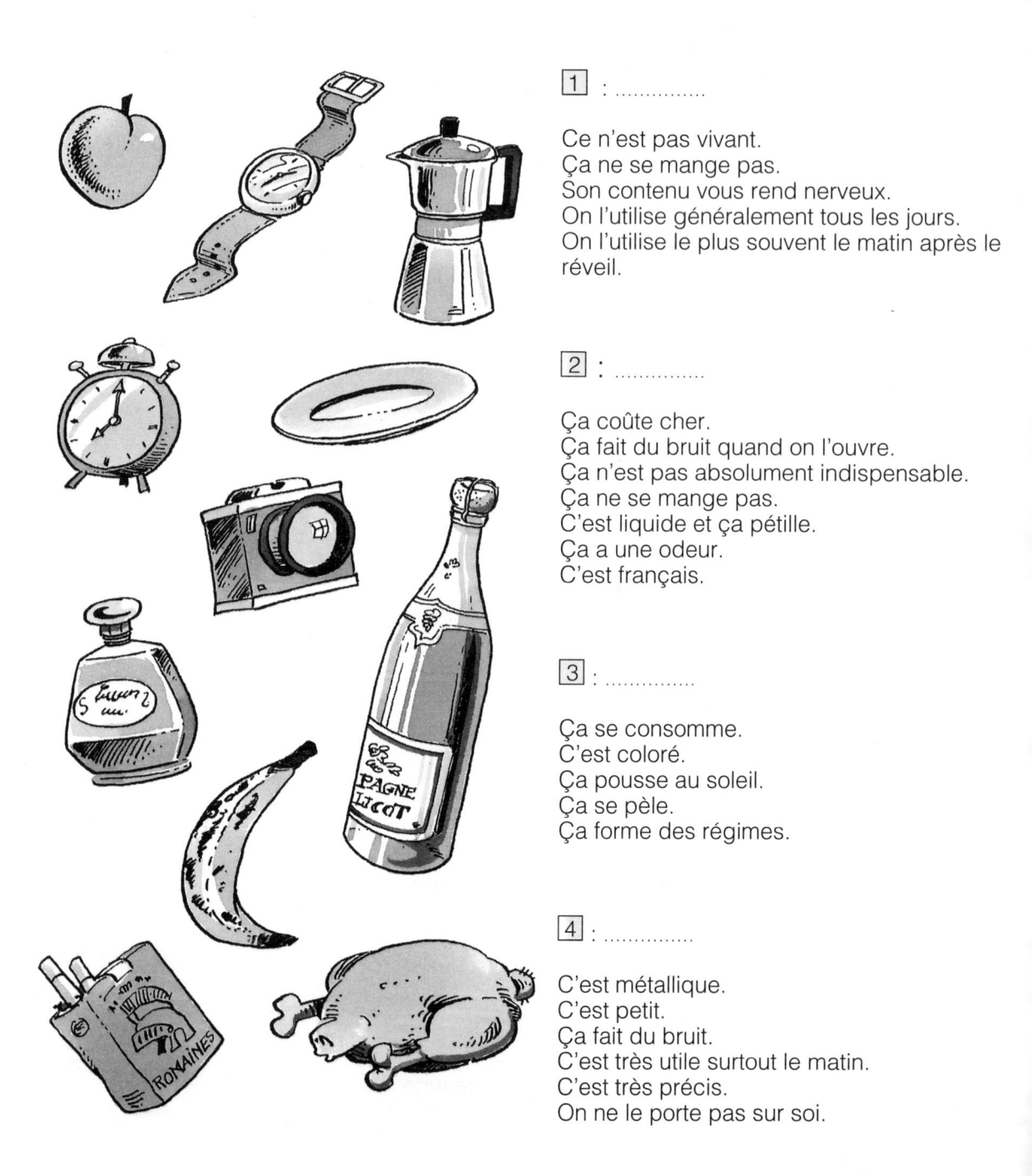

1 : ....

Ce n'est pas vivant.
Ça ne se mange pas.
Son contenu vous rend nerveux.
On l'utilise généralement tous les jours.
On l'utilise le plus souvent le matin après le réveil.

2 : ....

Ça coûte cher.
Ça fait du bruit quand on l'ouvre.
Ça n'est pas absolument indispensable.
Ça ne se mange pas.
C'est liquide et ça pétille.
Ça a une odeur.
C'est français.

3 : ....

Ça se consomme.
C'est coloré.
Ça pousse au soleil.
Ça se pèle.
Ça forme des régimes.

4 : ....

C'est métallique.
C'est petit.
Ça fait du bruit.
C'est très utile surtout le matin.
C'est très précis.
On ne le porte pas sur soi.

Exercice n° 48 — PARLER D'UN OBJET

● *De quoi parlent-ils ?*

1. Non elle n'est pas neuve, mais elle marche bien. Et puis, tu sais, elle a des caractères français. C'est une portative. Ça t'aidera pour ton travail. Je te la laisse pour 200 francs.
   Ils parlent de : ....

2. Elle est de 85. J'ai fait beaucoup de réparations : l'embrayage, les freins. C'est une bonne occasion.
   Ils parlent de : ....

3. Ce n'est pas grand, mais c'est bien éclairé. Et puis c'est à deux pas de ton travail. Ça, c'est pratique.
   Ils parlent de : ....

4. Il est très compétent. J'ai déjà travaillé avec lui. Je te le recommande, il est très efficace.
   Ils parlent de : ....

5. C'est un portable. Vitesse d'horloge 33 Mhz. Disque dur. Clavier français. Je te le vends à moitié prix.
   Ils parlent de : ....

6. C'est un reflex. Je te le vends avec un objectif de 50 mm et un autre de 135.
   Ils parlent de : ....

7. Je te le vends parce que j'en ai acheté un plus grand. D'accord il fait un peu de bruit, mais il fonctionne bien. Je te laisse les paniers et les bacs à glace.
   Ils parlent de : ....

8. Il a 12 vitesses, un guidon de course. Je te le laisse pour 600 francs.
   Ils parlent de : ....

4. DONNER DES INFORMATIONS SUR QUELQUE CHOSE ET SUR SON ENVIRONNEMENT

Exercice n° 49 — DONNER DES INFORMATIONS CONCERNANT UN LIEU

● *Utilisez les informations données et construisez un texte informatif correspondant au modèle proposé :*

EXEMPLE :	MODÈLE :
Informations : Domicile : Dole (45 000 habitants) ← 40 km → Besançon (130 000 habitants) Région : Franche-Comté	J'habite à Dole, c'est une petite ville de Franche-Comté, située à 40 km de Besançon.

[1] Mariage : (300 habitants) ← 20 km → Lyon (2 000 000 habitants)

....
....

[2] Travail : Auxerre ← 170 km → Paris

....
....

[3] Vacances : Besançon ← 80km → Lausanne
Région : Franche-Comté

....
....

[4] Général de Gaulle
Naissance : Lille (1890)
Mort : Colombey-Les-Deux-Eglises (1970) ← 30 km → Chaumont
Région : Champagne-Ardennes

....
....

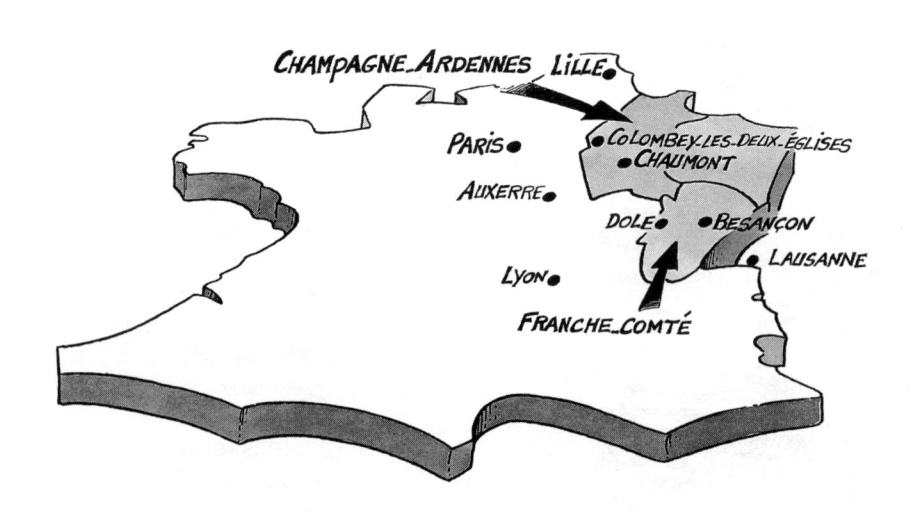

Exercice n° 50 — DONNER DES INFORMATIONS CONCERNANT UN LIEU

● *Mettez une croix quand les informations sont vraies. Organisez ensuite chacune de ces informations en une seule phrase en vous servant du modèle donné ci-dessous :*

EXEMPLE :

Le Sierra Léone — Vrai

	Vrai
une île	
un pays	X
une région	
c'est petit	
c'est grand	
c'est immense	
en Afrique occidentale	X
en Afrique du Nord	
en Afrique du Sud	
au sud de la Guinée	X
au sud de la Tanzanie	
à l'est du Kenya	
capitale : Freetown	X
capitale : Monrovia	
capitale : Libreville	
langue : français	
langue : espagnol	
langue : anglais	X

MODÈLE :

Je vais au Sierra Léone. C'est un petit pays d'Afrique occidentale, situé au sud de la Guinée. Sa capitale s'appelle Freetown. C'est un pays anglophone.

Le Cap Vert — Vrai

	Vrai		Vrai
une île		au sud de la Guinée	
un pays		à l'est du Sénégal	
un archipel		au sud du Cameroun	
c'est petit		capitale : Praia	
c'est grand		capitale : Banjul	
c'est immense		capitale : Bujumbura	
en Afrique occidentale		langue : français	
en Afrique du Nord		langue : espagnol	
en Afrique du Sud		langue : portugais	

Votre texte : ....

....

....

....

....

4 DONNER DES INFORMATIONS SUR QUELQUE CHOSE ET SUR SON ENVIRONNEMENT

Les Canaries | Vrai |

- une île .... ☐
- un pays .... ☐
- un archipel .... ☐
- c'est petit .... ☐
- c'est grand .... ☐
- c'est immense .... ☐
- en Afrique de l'Ouest .... ☐
- en Afrique du Nord .... ☐
- en Europe .... ☐

- à l'est de l'Espagne .... ☐
- à l'est du Gabon .... ☐
- à l'est du Maroc .... ☐
- langue : français .... ☐
- langue : espagnol .... ☐
- langue : portugais .... ☐

Votre texte : ....
....
....
....
....

PLACE ET SENS DES ADJECTIFS

Ce chapitre regroupe une série d'exercices portant sur l'utilisation des adjectifs, indispensable dans toutes les situations de communication où l'on est amené à donner des informations sur quelqu'un ou quelque chose.

Pour la morphologie des adjectifs (masculin / féminin), on se reportera au chapitre « BOÎTE À OUTILS ».

5. PLACE ET SENS DES ADJECTIFS

Exercice n° 51 — ADJECTIFS DE COULEUR

● *Complétez en utilisant un adjectif de couleur :*

EXEMPLE :	RÉPONSE :
Lundi, à Bruxelles, les ministres de l'agriculture des 12 pays de la Communauté débattront de l'avenir de l'Europe	Il s'agit de l'Europe **verte** (l'Europe agricole).

1. Pour aller en Afrique, je dois me faire vacciner contre la fièvre ....
2. Je n'ai pas pu trouver son numéro de téléphone sur l'annuaire, il est inscrit sur la liste ....
3. L'or .... est la principale richesse de ce pays.
4. J'ai eu zéro à mon examen. J'ai rendu page ....
5. Il fait partie de la noblesse. Il a du sang ....
6. Appelez gratuitement au numéro .... 81 50 20 20.
7. Tour de France : C'est Laurent Fignon qui endosse le maillot .... , après sa magnifique victoire dans les Pyrénées.
8. Est-ce que je peux payer avec ma carte .... ?
9. Il est très sentimental, très fleur ....
10. Je suis totalement déprimé, j'ai des idées ....

Exercice n° 52 — ADJECTIFS DE COULEUR

● *En fonction du sens de la phrase, choisissez un nom et associez un adjectif de couleur à ce nom :*

EXEMPLE :	RÉPONSE :
Le naufrage de l'Amoco Cadiz a provoqué une énorme	Le naufrage de l'Amoco Cadiz a provoqué une énorme **marée noire**.

Noms	Adjectifs
yeux	bleu
marée	rouge
nuit	brun
chambre	blanc
carte	noir
feux	jaune
vin	vert
peur	
tableau	
ciel	
fleur	

1. Avec le poisson, je préfère un verre de ....
2. Écrivez ce texte au ....
3. Il n'y a pas un nuage dans le ....
4. Il faut s'arrêter au ....
5. Il a pleuré, il a les ....
6. Le tournesol est une ....
7. Il m'a fait une .... J'en tremble encore.
8. Je vais développer les photos dans la ....
9. Faites ce que vous voulez, vous avez ....
10. J'ai sommeil, j'ai passé une ....

Choisissez la bonne règle :
a. Les adjectifs de couleur sont toujours placés après le nom.
b. Les adjectifs de couleur sont toujours placés avant le nom.
c. Les adjectifs de couleur peuvent indifféremment être placés avant ou après le nom.

Exercice n° 53 — ADJECTIFS DE NATIONALITÉ

● *En fonction du sens de la phrase, associez un nom et un adjectif de nationalité (en respectant les accords masculin/féminin, singulier/pluriel si c'est nécessaire) :*

Noms	Adjectifs
histoire	français
télévision	argentin
cinéma	italien
restaurant	chinois
révolution	américain
montre	russe
vodka	canadien
spécialité	suisse
accent	belge
tango	

1. En 1989, nous avons fêté le bicentenaire de la ....
2. La pizza est une ....
3. Les Français aiment beaucoup raconter des ....
4. J'adore danser le ....
5. Si tu vas à Genève, ramène-moi une ....
6. Je ne bois que de la ....
7. On va manger un canard laqué dans un ....
8. A la .... on ne voit que des ....
9. Au Québec on parle français, mais avec l' ....
10. Fellini, Antonioni, j'adore le ....

Choisissez la bonne règle :

a. Les adjectifs de nationalité sont toujours placés après le nom.
b. Les adjectifs de nationalité sont toujours placés avant le nom.
c. Les adjectifs de nationalité peuvent être placés avant ou après le nom.

Exercice n° 54 — ADJECTIFS QUI INDIQUENT UNE FORME

● *En fonction du sens de la phrase, associez un nom et un adjectif (en respectant les accords masculin/féminin, singulier/pluriel si c'est nécessaire) :*

Noms	Adjectifs
ballon	carré
table	étroit
visage	allongé
forme	rectangulaire
feuille	rond
eau	ovale
scie	plat
	circulaire

1. Je suis invité à une .... sur la défense de l'environnement.
2. Il avait un .... qui n'en finissait plus.
3. Prenez une .... de 19 cm sur 21 cm.
4. Il a une .... de 4 sur 4.
5. Pour jouer au rugby, il faut un ....
6. Platini, c'est le roi du ....
7. Je ne veux pas d'eau gazeuse, donnez moi de l' ....
8. Il s'est coupé le bras avec sa ....

Choisissez la bonne règle :

a. Les adjectifs qui indiquent une forme sont toujours placés après le nom.
b. Les adjectifs qui indiquent une forme sont toujours placés avant le nom.
c. Les adjectifs qui indiquent une forme peuvent être placés avant ou après le nom.

5. PLACE ET SENS DES ADJECTIFS

Exercice n° 55 — PLACE DES ADJECTIFS

● *Placez un des adjectifs proposés avant ou après le nom. Le sens doit être cohérent (faire l'accord si nécessaire).*
Attention ! Quelquefois plusieurs possibilités existent.

sale
bon
grand
cher
brave
fort

EXEMPLE :	RÉPONSE :
Quel .... temps .... ! Il pleut depuis une semaine.	Quel **sale** temps ! Il pleut depuis une semaine.

1. C'est un .... homme .... , il a risqué sa vie pour le sauver.
2. Tu as les .... mains .... , va te laver !
3. C'est un de ces .... hommes .... qui font l'histoire.
4. Je vous ai préparé un .... repas ....
5. Je refuse d'accomplir cette .... besogne ....
6. C'est un .... type............... . J'ai confiance en lui.
7. Mes .... amis .... J'ai une .... nouvelle .... à vous annoncer : je vais me marier !
8. C'est un .... restaurant .... Cela va nous coûter une fortune !
9. Il a une .... grippe .... Il doit rester couché.
10. Je n'aime pas les .... alcools ....

Exercice n° 56 — PLACE DES ADJECTIFS

● *Utilisez les expressions proposées pour compléter les phrases suivantes :*

forte fièvre
sale brute
lourdes responsabilités
fausse adresse
faibles revenus

homme **fort**
linge **sale**
sommeil **lourd**
voix **fausse**
point **faible**

1. Il a la .... Il chante comme une casserole.
2. Il faut laver son .... en famille.
3. Ses .... ne lui permettaient pas de nourrir sa petite famille.
4. Il a une .... : 40°5, c'est beaucoup.
5. Il m'a donné une .... , il n'habite pas ici.
6. Tu m'as fait mal, ... !
7. Le Ministre de la Défense, c'est l'........................... du pays.
8. Mon .... au tennis, c'est mon service.
9. Il a été nommé directeur du Service après-vente, il a maintenant de ....
10. Il a le .... Il ne s'est pas réveillé quand le téléphone a sonné.

DEMANDER UN RENSEIGNEMENT, UNE INFORMATION

Ce chapitre regroupe une série d'exercices portant sur des outils linguistiques nécessaires dans toutes les situations de communication où l'on est amené à demander un renseignement ou une information à quelqu'un (horaire, itinéraire, etc.).

6 DEMANDER UN RENSEIGNEMENT, UNE INFORMATION

Exercice n° 57 — S'INFORMER SUR UN ITINÉRAIRE

● *Reconstituez l'itinéraire demandé (voir plan ci-dessous). Indiquez le point de départ et le point d'arrivée :*

1 Pierre habite rue du Vieux Marché, juste à côté du musée, en face de la perception. Claude lui explique comment aller chez lui :
« Quand tu sors de chez toi, tu vas à droite et tu prends la première rue à gauche.
À la première intersection, tu tournes à gauche et tu continues tout droit, jusqu'à la place.
Ensuite tu prends l'avenue, tu passes devant le lycée. J'habite à côté du cinéma, juste en face des pompiers, au premier étage. »

2 Jean-Claude explique à Henri comment aller chez lui :
« Quand tu sors de chez toi, tu continues tout droit jusqu'à la place.
Là, tu prends à droite. Tu vas voir la cathédrale. Tu passes devant et tu prends la rue en face de la poste. J'habite la troisième maison à gauche. »

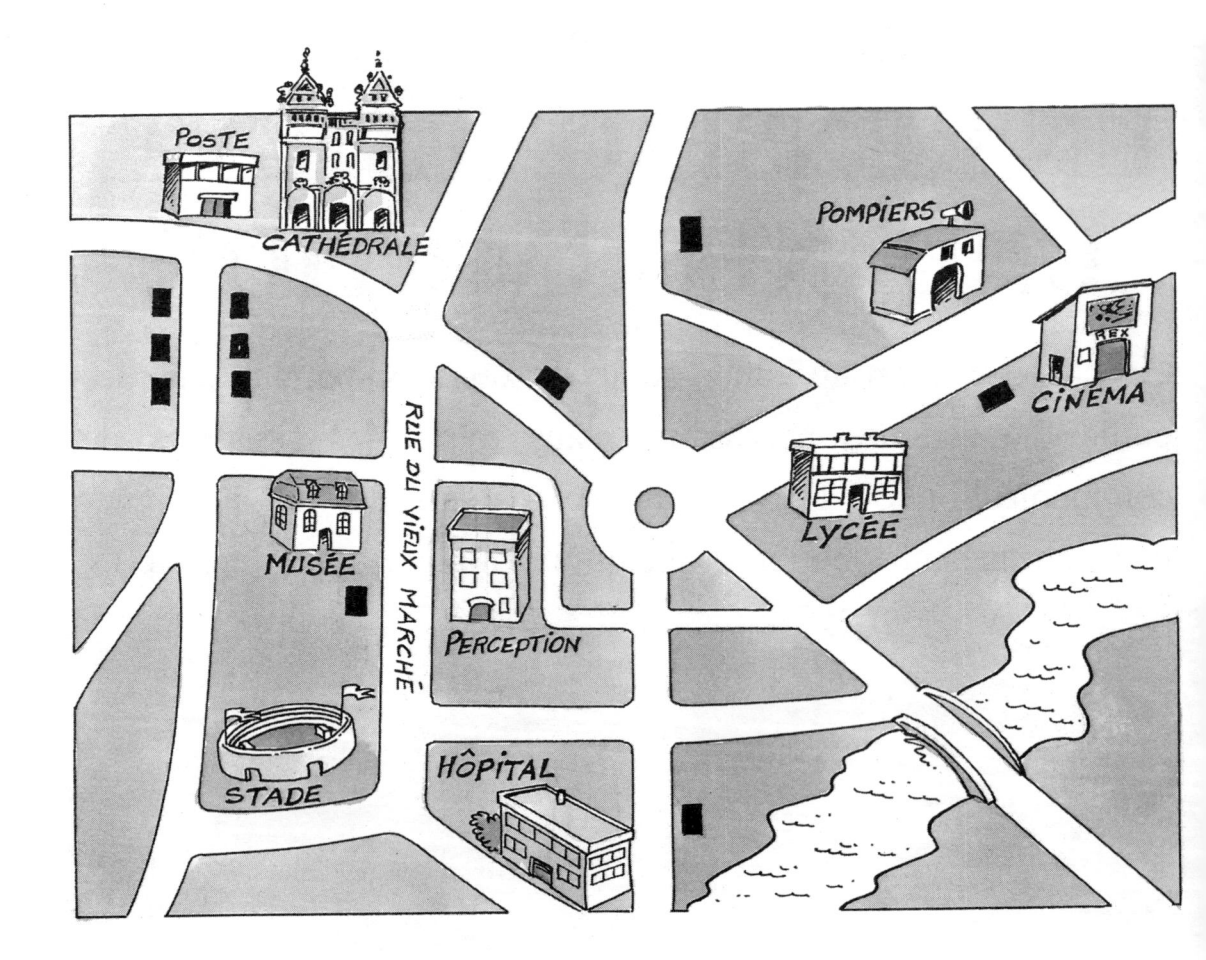

Exercice n° 58 — **S'INFORMER SUR UN ITINÉRAIRE**

● *Consultez le plan et choisissez la bonne réponse :*

1. Est-ce que vous pourriez m'indiquer où se trouve la poste ?
   a. C'est rue Lecourbe, en face du cinéma Palace.
   b. C'est à l'angle de la rue Victor Hugo et de la rue Lecourbe.
   c. C'est rue Lecourbe, à côté du cinéma Palace.

2. Est-ce que tu sais où se trouve le lycée Paul Valéry ?
   a. C'est derrière l'église.
   b. C'est en face de l'église.
   c. C'est près de l'église.

3. Excusez-moi, je cherche le Café Des Sports.
   a. Vous allez Place du marché, c'est entre l'épicerie fine et le marchand de journaux.
   b. C'est près de la Place du marché, derrière le musée.
   c. C'est juste en face du musée, Place du marché.

4. Est-ce que vous pourriez m'expliquer où se trouve le restaurant *Au fin gourmet* ?
   a. C'est près de la gare, à 50 m à droite du supermarché.
   b. C'est en face de la gare, à 50 m à gauche du supermarché.
   c. C'est un peu plus loin que la gare, à 100 m à gauche.

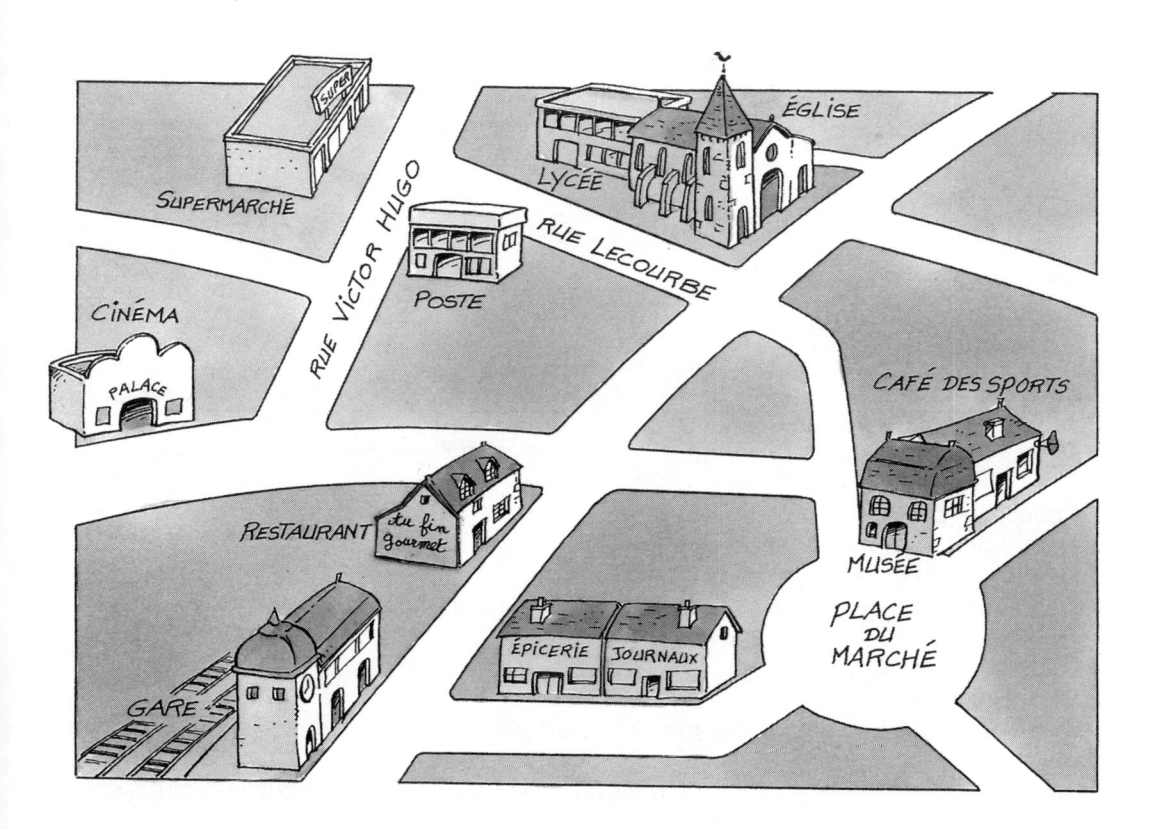

6 DEMANDER UN RENSEIGNEMENT, UNE INFORMATION

Exercice n° 59 — **DEMANDER POLIMENT**

● *Classez les demandes suivantes sur l'échelle de politesse proposée ci-dessous :*

EXEMPLE :	RÉPONSE :
Est-ce que vous pourriez me dire où se trouve la gare ?	** Demande formulée avec une seule formule de politesse

Échelle de politesse :
Demande très polie, langage soutenu ***
Demande polie, langage standard **
Demande familière, impolie si elle s'adresse à une personne inconnue *

1. Veuillez m'excuser Mademoiselle, auriez-vous l'obligeance de m'indiquer où se trouve la gare ?
2. Excusez-moi, je cherche la gare.
3. S'il vous plaît, où se trouve la gare ?
4. C'est où la gare ?
5. S'il vous plaît Monsieur, est-ce que vous pourriez m'indiquer où se trouve la gare ?

Exercice n° 60 — **DEMANDER POLIMENT**

● *Même exercice que le précédent, mais portant sur une demande d'horaire.*

Échelle de politesse :
Demande très polie, langage soutenu ***
Demande polie, langage standard **
Demande familière, impolie si elle s'adresse à une personne inconnue *

1. C'est quelle heure ?
2. Quelle heure est-il ?
3. Je m'excuse de vous déranger Monsieur. Auriez-vous l'amabilité de me donner l'heure ?
4. S'il vous plaît Mademoiselle, est-ce que vous pourriez me dire quelle heure il est ?
5. Est-ce que vous avez l'heure ?
6. T'as pas l'heure par hasard ?

EXPRIMER SES GOÛTS, SON OPINION

Ce chapitre regroupe une série d'exercices portant sur des outils linguistiques nécessaires dans toutes les situations de communication où l'on est amené à exprimer ses goûts, son opinion par rapport à quelqu'un ou quelque chose.

7 EXPRIMER SES GOÛTS, SON OPINION

Exercice n° 61 — DES VERBES

● *Complétez en choisissant :*

EXEMPLE :	RÉPONSE :
Il .... de ça.	– ~~adore~~ – **raffole** – ~~déteste~~

1. Elle .... les épinards.
   – déteste
   – a horreur
   – est folle

2. Ils .... la plage.
   – raffolent
   – adorent
   – s'intéressent

3. Elle ne .... pas le bruit.
   – aime
   – supporte
   – se plaint

4. Il .... le jazz.
   – a horreur
   – préfère
   – raffole

5. Elle .... de lui.
   – aime
   – plaît
   – est folle

6. Il .... du froid.
   – déteste
   – craint
   – a horreur

7. Nous .... le mensonge.
   – haïssons
   – avons horreur
   – raffolons

Exercice n° 62 — DES EXPRESSIONS

Dans chacune des phrases suivantes, l'expression en caractères gras peut être remplacée par deux des trois expressions proposées.
- *Mettez une croix en face de ces deux expressions.*

EXEMPLE :	RÉPONSE :
C'est magnifique ! C'est d'une beauté ! – c'est hideux ! – c'est splendide ! – c'est superbe !	« Magnifique », « splendide », « superbe » signifient à peu près la même chose. « Hideux » signifie le contraire.

1. **C'est succulent** ! Vous pourriez me donner la recette ?
   - c'est répugnant
   - c'est excellent
   - c'est délicieux

2. **C'était très intéressant.** Je n'ai pas vu passer le temps.
   - c'était passionnant
   - c'était captivant
   - c'était rasant

3. **C'était émouvant.** J'ai pleuré.
   - c'était pathétique
   - c'était rigolo
   - c'était bouleversant

4. **C'est bon marché.**
   - ça ne vaut presque rien
   - ça coûte une fortune
   - c'est donné

5. **C'est gigantesque.**
   - c'est minuscule
   - c'est immense
   - c'est énorme

6. **Il est très intelligent.**
   - il est bête comme ses pieds
   - il est très futé
   - il est très malin

7. **Il est complètement fou** ! Il est bon pour l'asile.
   - il est dingue
   - il est cinglé
   - Il est plein de sagesse

8. **Elle est très chic**, toujours à la mode.
   - elle est superbe
   - elle est grotesque
   - elle est très élégante

9. **Il est très doué pour le dessin.**
   - il est plein de talent
   - il dessine comme un pied
   - il a un bon coup de crayon

10. **Il a une très belle voix.** Il devrait faire un disque.
    - il chante comme un dieu
    - il a une voix enjôleuse
    - il chante comme une casserole

7 EXPRIMER SES GOÛTS, SON OPINION

Exercice n° 63 — RÉAGIR POSITIVEMENT OU NÉGATIVEMENT

● *Dites si la réaction est positive ou négative :*

	Positif	Négatif
Exemple : C'est pas la joie !		X
1. C'est géant !		
2. C'est superchouette !		
3. Fabuleux !		
4. C'est nul !		
5. Ça ne me plaît pas trop.		
6. Soyez polie, je vous prie !		
7. Il se fiche de moi !		
8. Je suis franchement hostile à ce projet.		
9. Ça ne m'emballe pas.		

Exercice n° 64 — OPINION POSITIVE OU NÉGATIVE

● *Dites si les opinions exprimées sur quelqu'un sont positives ou négatives :*

	Positif	Négatif
Exemple : C'est un chic type.	X	
1. Il n'est pas très malin.		
2. Il n'a pas inventé la poudre.		
3. Elle est super sympa.		
4. Elle est très compétente.		
5. Il est très chouette.		
6. Qu'il est pénible !		
7. Je ne le supporte pas.		
8. Il est fou ce type !		
9. Elle est très séduisante.		

Exercice n° 65 — ARGUMENTER POUR OU CONTRE

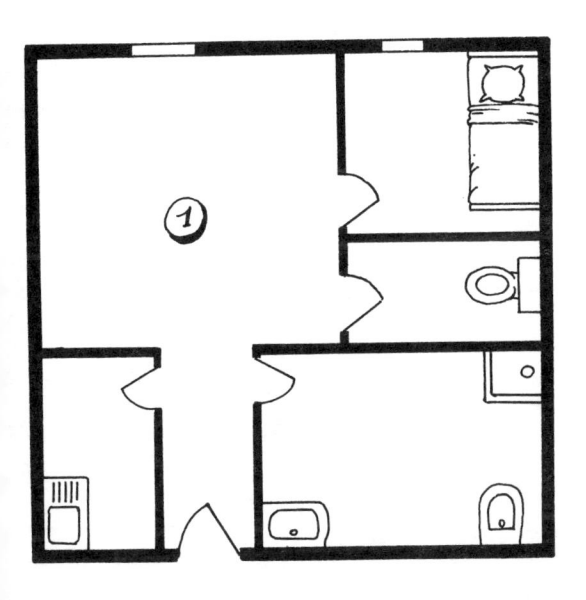

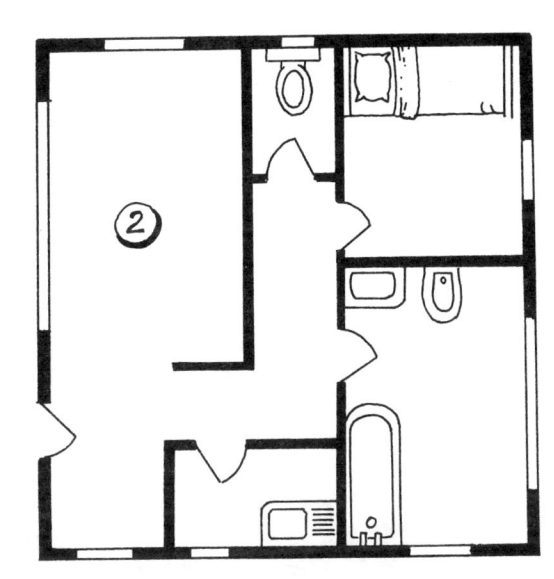

● *Dites de quel appartement il s'agit dans le dialogue suivant :*

– C'est grand.
– Oui, mais c'est sombre. Et puis la salle de bains est immense et il n'y a même pas de baignoire !
– Oh, il y a quand même une douche.
– Et tu as vu le lit, il est tout petit.
– Comme ça, on se tiendra chaud.
– Et puis il y a du bruit, toutes les fenêtres donnent sur la rue.
– Tu exagères, il n'y a presque pas de circulation.

Appartement n° ......

● *Maintenant imaginez un dialogue construit sur ce modèle, mais concernant l'autre appartement.*

....
....
....
....
....
....
....

7 EXPRIMER SES GOÛTS, SON OPINION

Exercice n° 66 — ARGUMENTER POUR OU CONTRE

● *Même principe que l'exercice précédent, mais cette fois il s'agit parmi toutes les images proposées de choisir celle qui correspond à la maison évoquée dans le dialogue.*

Dialogue :

- Ça te plaît ?
- Oui, mais il faudra réparer le toit.
- La pièce où il y a le balcon ferait une très belle chambre pour les enfants.
- Tu crois ? Moi j'aurais peur qu'ils tombent.
- J'adore la petite terrasse.
- Elle est en plein soleil, ça doit être insupportable en été.
- Et puis il y a un jardin. Mon rêve !
- Il va te falloir du courage, ça ressemble plutôt à un terrain vague.
- La cuisine est très grande.
- Ça manque un peu de lumière.

Cette maison correspond à l'image n° ......

DIRE OU PROPOSER À QUELQU'UN DE FAIRE QUELQUE CHOSE

Ce chapitre regroupe une série d'exercices portant sur des outils linguistiques nécessaires dans toutes les situations de communication où l'on est amené à demander ou proposer à quelqu'un de faire quelque chose.

8 DIRE OU PROPOSER À QUELQU'UN DE FAIRE QUELQUE CHOSE

Exercice n° 67

PROPOSER

Quelques propositions en langage familier.
● *Qu'est-ce qu'il lui propose ?*

EXEMPLE :	RÉPONSE :
On se fait une toile ?	– ~~d'aller au lit~~ – ~~d'aller se promener~~ – **d'aller au cinéma**

1. Si on faisait une petite balade ?
   - de chanter une chanson
   - d'aller se promener
   - de jouer aux cartes

2. Je t'offre un pot ?
   - de lui offrir un vase
   - d'aller dans un bar
   - de faire un bon repas

3. Ça te dirait un bon gueuleton ?
   - de faire un bon repas
   - de regarder la télévision
   - de faire une promenade à bicyclette

4. On pourrait lui passer un coup de fil.
   - de se battre avec quelqu'un
   - de téléphoner à quelqu'un
   - d'aller voir quelqu'un

5. On se tire ?
   - de s'en aller
   - de se battre
   - d'aller se coucher

Exercice n° 68 — ACCEPTER / REFUSER

● *Dites si la personne qui parle accepte ou refuse la proposition qui lui est faite :*

	Accepte	Refuse
Exemple : Demain ? euh... je suis prise.	X	
1. Avec plaisir !		
2. Chic alors !		
3. Pas question !		
4. Je veux bien, mais pas trop tard.		
5. Je te retéléphone.		
6. Comme tu veux.		
7. Sans façon.		
8. Une autre fois, si tu veux bien.		
9. Et comment !		
10. Où tu veux et quand tu veux.		
11. Désolé.		

Exercice n° 69 — REFUSER

● *Dites quel type de refus est exprimé en réponse à chacune des propositions suivantes :*

1
- Si on allait passer quelques jours en Espagne ?
- En juillet ? Il y a trop de monde.

　– refus catégorique
　– refus avec justification
　– refus provisoire

2
- On va danser demain soir ?
- Demain ça va être difficile, ma mère vient dîner à la maison. On en reparle la semaine prochaine ?

　– refus provisoire
　– refus catégorique
　– refus poli

3
- On va chez les Dufour ?
- Il n'en est pas question !

　– refus poli
　– refus provisoire
　– refus catégorique

4
- Je voulais t'inviter à dîner.
- C'est gentil de ta part, mais pas ce soir. On se téléphone ?

　– refus provisoire
　– refus catégorique
　– refus poli

5
- Vous dansez Mademoiselle ?
- Désolée, mais je suis fatiguée. J'espère que vous ne m'en voudrez pas.

　– refus catégorique
　– refus poli
　– refus provisoire

6
- On va se baigner ?
- Ça va pas la tête ?

　– refus poli
　– refus catégorique
　– refus avec justification

8. DIRE OU PROPOSER À QUELQU'UN DE FAIRE QUELQUE CHOSE

Exercice n° 70 — DIRE DE FAIRE

● *Nous avons mélangé deux recettes de cuisine, reconstituez chacune des deux recettes en vous servant des images :*

Faites cuire 45 minutes au four.
Épluchez les légumes.
Faites chauffer 2 litres d'eau.
Mélangez l'ensemble et ajoutez 2 œufs.
Poivrez, salez.
Ajoutez le sucre et le lait.
Versez l'ensemble dans un moule.
Mettez les légumes et le lard dans l'eau bouillante.
Laissez cuire 45 minutes.
Mettez 250 grammes de farine dans un récipient.

Exercice n° 71 — IMPÉRATIF

● *Pour chaque phrase, précisez la valeur de l'impératif :*

EXEMPLE :	RÉPONSE :
Dépêchez-vous Monsieur le Ministre, votre avion va partir !	– ~~ordre~~ – ~~demande familière~~ – **situation d'urgence** Il s'agit d'une situation d'urgence ce qui explique qu'on n'utilise pas de formulation plus polie, alors qu'on s'adresse à un ministre.

1. Ne touchez pas ça ! C'est brûlant !
   - ordre
   - menace
   - situation d'urgence

2. Chéri, passe-moi le pain !
   - menace
   - demande familière
   - situation d'urgence

3. Les enfants ! Allez vous coucher !
   - ordre
   - menace
   - conseil

4. Prends le métro, c'est plus rapide !
   - menace
   - conseil
   - situation d'urgence

5. Arrêtez ou je vais me fâcher !
   - menace
   - demande familière
   - situation d'urgence

6. Dépêchez-vous ! Le train va partir !
   - ordre
   - conseil
   - situation d'urgence

7. Tapez-moi cette lettre en quatre exemplaires ! C'est urgent !
   - ordre
   - demande familière
   - situation d'urgence

8. Arrêtez de faire du bruit ou j'appelle la police !
   - ordre
   - menace
   - conseil

9. Eteins la télé, il n'y a rien d'intéressant ce soir !
   - menace
   - situation d'urgence
   - demande familière

10. Police ! Ouvrez !
    - demande familière
    - menace
    - ordre

8 DIRE OU PROPOSER À QUELQU'UN DE FAIRE QUELQUE CHOSE

Exercice n° 72 — DIRE À QUELQU'UN DE FAIRE QUELQUE CHOSE

● *Faites correspondre les phrases de chaque colonne qui ont la même signification :*

Tu pourrais fermer la fenêtre ?   •   • Tu as vu l'heure ?
Dépêche-toi, on va être en retard ! •   • Tu as perdu ta langue ?
Un peu de silence s'il vous plaît ! •   • Ça va votre cancer ?
Je ne supporte pas la fumée.   •   • On se les gèle ici.
Tu vas me répondre ?   •   • On se croirait au marché.
Tu pourrais me prêter 100 francs ? •   • Zut, j'ai oublié mon portefeuille !

Exercice n° 73 — DIRE À QUELQU'UN DE FAIRE QUELQUE CHOSE

● *Dites ce que signifie chacune des phrases suivantes (a. se taire / b. parler / c. ni l'un ni l'autre) :*

	a se taire	b parler	c ni l'un ni l'autre
Exemple : Silence !	X		
1. Je veux entendre voler une mouche !			
2. ... Chut ... !			
3. Vous n'êtes pas très bavard aujourd'hui !			
4. Vous vous croyez sur la place du marché !			
5. On vous entend à 10 km.			
6. Tu as mangé ta langue ?			
7. Le fond de l'air est frais.			
8. Tu es muet ?			
9. Vous allez avouez ?			
10. On se croirait dans un poulailler !			

Exercice n° 74 — DIRE À QUELQU'UN DE FAIRE QUELQUE CHOSE

● *Dites ce que signifie chacune des phrases suivantes (a. se lever / b. aller se coucher / c. ni l'un ni l'autre) :*

	a se lever	b aller se coucher	c ni l'un ni l'autre
Exemple : Au lit !	X		
1. Levez-vous, il est plus de midi !			
2. On étouffe ici !			
3. C'est l'heure !			
4. C'est l'heure de faire dodo !			
5. La grasse matinée, c'est fini !			
6. Debout là-dedans !			
7. Tu n'as pas sommeil ?			
8. Tu dors debout !			
9. Il est 7 heures, espèce de paresseux !			
10. C'est la panique !			

8. DIRE OU PROPOSER À QUELQU'UN DE FAIRE QUELQUE CHOSE

Exercice n° 75 — DIRE À QUELQU'UN DE FAIRE QUELQUE CHOSE

● *Dites ce que signifie chacune des phrases suivantes (a. travailler / b. ne rien faire / c. ni l'un ni l'autre) :*

	a travailler	b ne rien faire	c ni l'un ni l'autre
Exemple : On n'est pas là pour s'amuser !	X		
1. Au boulot !			
2. Bande de fainéants !			
3. Vous avez bien mérité un peu de repos !			
4. Bon, on fait une petite pause !			
5. Pourquoi croyez-vous qu'on vous paye ?			
6. Vous êtes en grève ?			
7. C'est l'heure de la sieste ?			
8. Vous avez perdu l'appétit ?			

RAPPORTER LES PAROLES DE QUELQU'UN

Ce chapitre regroupe une série d'exercices portant sur les outils linguistiques qui permettent de rapporter les paroles de quelqu'un, soit de façon très précise et détaillée, soit de façon large et globale.

9 RAPPORTER LES PAROLES DE QUELQU'UN

Exercice n° 76 — **RAPPORTER UN DISCOURS**

● *Choisissez la phrase qui résume chaque texte :*

1. Il y a 2 ans, les mesures que j'avais adoptées étaient les bonnes. Aujourd'hui l'inflation est contrôlée, la balance du commerce extérieur s'est améliorée, le pouvoir d'achat a augmenté. Je vous demande d'appuyer mon action, car c'est la seule qui nous permettra d'améliorer le niveau de vie des Français.

   – il a défendu sa politique
   – il a critiqué le pouvoir
   – il a proposé une nouvelle politique

   Qui parle ?
   – le Premier Ministre
   – le dirigeant d'un club de football
   – le boulanger

2. Le Ministre de l'Intérieur a eu raison de prendre des mesures fermes. Je ne peux qu'approuver l'initiative de mon collègue et ami.

   – il a critiqué un ami
   – il a approuvé le Ministre de l'Intérieur
   – Il a contesté les mesures prises

   Qui parle ?
   – un ministre
   – le Président de la République
   – le Ministre de la Défense

3. Votre proposition est absurde. Si vous tenez à votre place, ne renouvelez pas cela !

   – il a menacé son employé de licenciement
   – il a félicité son employé
   – il a défendu les idées de quelqu'un

   Qui parle ?
   – un ouvrier
   – un patron
   – un policier

Exercice n° 77 — **RAPPORTER UN DISCOURS**

● *Lisez ce qui a été dit, et complétez ce qui a été rapporté en choisissant l'une des expressions proposées :*

Ce qui a été dit :
« Bravo ! Votre proposition est excellente ! Elle témoigne d'une très bonne analyse de la situation et prévoit des solutions originales auxquelles aucun de nous n'avait pensé. Je vous remercie pour tout ce travail. »

Ce qui a été rapporté :

1. Il .... mon projet.
   – a bien accueilli
   – a félicité
   – a remercié

2. Il m' .... pour mon travail.
   – a complimenté
   – a apprécié
   – a bien accueilli

3. Il .... mon analyse de la situation.
   – a reconnu
   – partage
   – a remercié

Exercice n° 78 — RAPPORTER LES PAROLES DE QUELQU'UN

● *Lisez ce qui a été dit et dites si ce qui a été rapporté est vrai ou faux.*

Ce qui a été dit :
« Contrairement à ce que vous pensez, Madame Moulin est une personne très gentille, très intelligente, toujours prête à aider son prochain. Je ne l'ai jamais vue se mettre en colère. Toujours des paroles douces, réconfortantes, jamais une grossièreté. C'est une vraie sainte. Elle mériterait qu'on la décore. »

Ce qui a été rapporté :

	Vrai	Faux
Exemple : Il a été avare de compliments	X	
1. Il n'a pas mâché ses mots		
2. Il l'a couverte de lauriers		
3. Il l'a traînée dans la boue		
4. Il l'a accablée de reproches		
5. Il l'a décrite sous son meilleur jour		
6. Il a fait d'elle un portrait plutôt sombre		
7. Il a tracé d'elle un portrait idyllique		
8. Il l'a complètement démolie		
9. Il l'a défendue mollement		
10. Il a passé en revue toutes ses qualités		
11. Il s'est moqué d'elle		
12. Il l'a défendue avec conviction		
13. Il n'a pas lésiné sur les compliments		

9 RAPPORTER LES PAROLES DE QUELQU'UN

Exercice n° 79 — RAPPORTER UN DISCOURS

● *Même principe que l'exercice précédent.*

Ce qui a été dit :

« Messieurs, il y six mois, j'avais demandé à chacun d'entre vous de se mettre au travail. Or les résultats du semestre sont négatifs et représentent un net recul par rapport aux résultats des années précédentes.
Je vais être très clair : vous avez 3 mois pour redresser la situation. Si tel n'est pas le cas, je devrai me résoudre à appliquer un plan de restructuration de l'entreprise dont vous risquez d'être les premières victimes.
En attendant, M. Dubois remplacera M. Bernard à la tête du service de marketing. Monsieur Bernard, je vous attends dans mon bureau pour envisager votre reconversion au sein de l'entreprise. »

Ce qui a été rapporté :

	Vrai	Faux
Exemple : Il a fait un bilan très noir de la situation	X	
1. Il nous a félicités pour nos efforts		
2. Il a félicité M. Bernard		
3. Il nous a promis une augmentation de salaire		
4. Il nous a tous menacés de licenciement		
5. Il nous a passé un savon		
6. Il n'a pas apprécié le travail de M. Bernard		
7. Il a exprimé son mécontentement		
8. Il a été très aimable avec nous		
9. Il nous a accusés d'avoir mené l'entreprise à la catastrophe		
10. Il a fait un bilan très optimiste		
11. Il est très content de nous		
12. Il apprécie beaucoup le travail de M. Bernard		
13. Il nous a adressé une sévère mise en garde		

Exercice n° 80 — RAPPORTER LES PAROLES DE QUELQU'UN

● *Même principe que l'exercice précédent.*

Ce qui a été dit :
« Je suis pour la paix dans le monde. Pourquoi tant de guerres alors que les hommes pourraient vivre heureux ?
À mon avis, avec un peu de bonne volonté, on pourrait améliorer le sort de milliers d'êtres humains. Je rêve d'un monde où l'entraide et la fraternité remplaceraient les rivalités d'aujourd'hui.
J'ai confiance en l'avenir. Nous y arriverons un jour. »

Ce qui a été rapporté :

	Vrai	Faux
Exemple : Il a fait un discours très pacifiste	X	
1. Il a fait preuve de pessimisme		
2. Il a fait preuve d'un certain cynisme		
3. Il se fiche de tout		
4. Il est très préoccupé par la paix		
5. Il a prononcé un discours que l'on peut qualifier d'humaniste		
6. C'est un va-t-en guerre		
7. Il ne pense qu'à lui		

9 RAPPORTER LES PAROLES DE QUELQU'UN

Exercice n° 81 — **CONCORDANCE DES TEMPS**

● *Reformulez les phrases suivantes en rapportant ce qui a été dit :*

EXEMPLE :	RÉPONSE :
Vous allez bien ?	– ~~Il m'a demandé où j'allais.~~ – **Il m'a demandé comment j'allais.** – ~~Il m'a dit que j'allais bien.~~

1. Je vais quitter la France.
   - Il m'a annoncé son départ.
   - Il m'a dit qu'il avait quitté la France.
   - Il m'a dit que je quittais la France.

2. Est-ce que vous avez pris une décision ?
   - Il m'a annoncé qu'il prendrait une décision.
   - Il m'a demandé si je m'étais décidé.
   - Il m'a demandé quand je me déciderais.

3. J'ai changé d'avis.
   - Il m'a demandé si j'avais changé d'avis.
   - Il m'a annoncé qu'il avait changé d'avis.
   - Il m'a dit qu'il changerait d'avis.

4. Vous devrez partir avant midi.
   - Il m'a dit que j'étais parti avant midi.
   - Il m'a dit que je devrais partir avant midi.
   - Il m'a demandé si j'étais parti avant midi.

5. Je suis malade.
   - Il m'a dit qu'il avait été malade.
   - Il m'a dit qu'il serait malade.
   - Il m'a dit qu'il était malade.

6. Il a perdu 10 kilos.
   - Il lui a dit de perdre 10 kilos.
   - Il lui a dit qu'il avait grossi.
   - Il m'a dit qu'il avait beaucoup maigri.

RELATIONS CAUSE / CONSÉQUENCE, HYPOTHÈSE

Ce chapitre regroupe une série d'exercices portant sur les outils linguistiques qui permettent d'établir des relations de cause et de conséquence entre des faits distincts et de formuler des hypothèses par rapport au présent, au passé et à l'avenir.

10 RELATIONS CAUSE / CONSÉQUENCE, HYPOTHÈSE

Exercice n° 82 — CAUSE : PARCE QUE

● *Faites correspondre questions et réponses :*

1. Pourquoi est-ce que tu n'as rien demandé ?
2. Pourquoi est-ce que tu es en retard ?
3. Pourquoi est-ce que tu manges ?
4. Pourquoi est-ce que tu tousses ?
5. Pourquoi est-ce que tu ne parles plus à Pierre ?
6. Pourquoi est-ce que tu pleures ?
7. Pourquoi est-ce que tu cours ?
8. Pourquoi est-ce que tu prends un parapluie ?

a. Parce que je fais confiance à la météo !
b. C'est parce que nous sommes fâchés.
c. Parce que j'ai la grippe.
d. Parce qu'il y avait des embouteillages.
e. C'est parce que je n'ai besoin de rien.
f. Parce que je suis pressé.
g. Parce que j'ai faim !
h. Parce que je suis triste !

Exercice n° 83 — CAUSE / CONSÉQUENCE

● *Complétez en utilisant **alors** ou **parce que** :*

EXEMPLE :	RÉPONSE :
Il s'est moqué de moi, ... je me suis fâché.	Il s'est moqué de moi, **alors** je me suis fâché.

1. Je ne suis pas venu .... j'étais malade.
2. J'ai vu de la lumière, ... je suis entré.
3. Il n'était pas là, ... je lui ai laissé un message.
4. Je ne lui ai pas ouvert .... je ne l'avais jamais vu.
5. Je suis parti .... je ne me sentais pas bien.
6. J'accepte .... j'ai confiance en lui.
7. J'ai refusé, ... il est parti.
8. C'est fini, ... je vous quitte.
9. Il n'y a plus de questions ? .... la séance est levée !
10. Le travail est terminé ? .... je vais me coucher .... il est plus de minuit.

Exercice n° 84 — ALORS/COMME/PUISQUE/PARCE QUE

● *Complétez en utilisant alors, comme, puisque, parce que* :

1. a. – Reste encore un peu, ça me ferait plaisir !
   – Bon, ………… tu insistes, je reste.
   b. – Bon, d'accord, je reste, mais c'est bien ………… tu insistes !
   c. – Si tu insistes, ………… je reste.
   d. – ………… il insistait, je suis resté.

2. a. – On attend encore 5 minutes avant de commencer la réunion, ………… il manque vraiment beaucoup de monde.
   b. – Tout le monde est là ? ………… on commence !
   c. – Ça y est tout le monde est là !
      – ………… tout le monde est là, la réunion peut commencer.
   d. – ………… tout le monde n'était pas là, il a été obligé d'attendre pour commencer la réunion.

3. a. – Mais non, ce n'est pas possible !
      – ………… vous ne me croyez pas, téléphonez-lui !
   b. – Je lui ai dit de te téléphoner ………… il refusait de me croire.
   c. – Il ne me croyait pas, ………… je lui ai dit de te téléphoner.
   d. – ………… il ne me croyait pas, je lui ai dit de te téléphoner.

10 RELATIONS CAUSE / CONSÉQUENCE, HYPOTHÈSE

Exercice n° 85 — HYPOTHÈSE

● *Dites ce que signifie chacune des hypothèses suivantes :*

EXEMPLE :	RÉPONSE :
Si j'avais joué ma date de naissance, j'aurais gagné. – remerciement – excuse – regret	Cette phrase exprime le **regret** (celui de n'avoir pas joué sa date de naissance).

1. Si j'étais resté à la maison, je n'aurais pas eu cet accident.
   – regret
   – remerciement
   – justification

2. Si tu ne m'avais pas menti, tout cela ne serait pas arrivé.
   – justification
   – reproche
   – excuse

3. Si j'avais su que ça te dérangerait, je ne serais pas venu.
   – remerciement
   – déduction
   – excuse

4. Si c'était Pierre qui était entré chez toi, il aurait laissé un message.
   – excuse
   – regret
   – déduction

5. Si tu ne m'avais pas secouru, je serais mort.
   – regret
   – remerciement
   – déduction

6. Je te jure que si j'avais su qu'il était malade, j'aurais appelé le médecin.
   – justification
   – déduction
   – reproche

7. Si j'avais su que c'était aussi mauvais, je n'aurais pas assisté à ce spectacle.
   – reproche
   – excuse
   – regret

8. Si tu m'avais prévenu, j'aurais évité tous ces problèmes.
   – reproche
   – excuse
   – remerciement

9. Si tu ne m'avais pas prévenu, je lui aurais fait confiance.
   – regret
   – justification
   – remerciement

10. Si j'avais le temps, je prendrais volontiers quelques jours de vacances.
    – remerciement
    – hypothèse
    – reproche

Exercice n° 86 — SI

● *Dites ce que signifie chacune des phrases suivantes :*

1. S'il n'est pas là dans 5 minutes, je fais un scandale !
   - menace
   - projet
   - prévision

2. S'il arrive, prévenez-moi immédiatement !
   - ordre
   - menace
   - conseil

3. S'il fait beau, j'irai à la piscine.
   - conseil
   - projet
   - menace

4. Si tu es malade, va voir un médecin !
   - ordre
   - prévision
   - conseil

5. Si le mauvais temps continue, il y a des risques d'inondations.
   - projet
   - ordre
   - prévision

6. Si vous n'arrêtez pas ce bruit, j'appelle la police !
   - conseil
   - prévision
   - menace

7. S'ils continuent ce vacarme, les voisins vont appeler la police.
   - prévision
   - conseil
   - menace

10 RELATIONS CAUSE / CONSÉQUENCE, HYPOTHÈSE

Exercice n° 87 — FORMULATIONS DE L'HYPOTHÈSE

● *Choisissez la ou les différentes manières de formuler une même hypothèse :*

1. S'il pleut, le match sera annulé.
   - Report du match en cas de pluie.
   - Annulation possible du match en fonction du temps.
   - Match annulé à cause du mauvais temps.

2. En cas de refus de sa part, je lui parlerai.
   - S'il avait refusé, je lui aurais parlé.
   - S'il refuse, j'irai lui parler.
   - Si je lui parle, il refusera.

3. Dans le Midi de la France on s'attend à des inondations dans l'hypothèse où le mauvais temps persisterait dans la région.
   - Risques d'inondations si le temps ne s'améliorait pas dans les jours qui viennent.
   - Les pluies torrentielles qui se sont abattues sur le Midi de la France ont provoqué de graves inondations.
   - Inondations prévues dans le Midi de la France si les pluies continuent.

4. Laisser un message en cas d'absence.
   - Si je suis absent, veuillez laisser un message.
   - Quand je suis absent, ils laissent un message.
   - Ils laisseront un message pendant mon absence.

5. Je partirai si c'est nécessaire.
   - En cas de départ, c'est nécessaire.
   - Je pense partir en cas de nécessité.
   - Il est nécessaire de partir.

SE SITUER DANS LE TEMPS

Ce chapitre regroupe une série d'exercices portant sur les outils linguistiques qui permettent de situer un discours dans le temps.

SE SITUER DANS LE TEMPS

Exercice n° 88 — FRÉQUENCE

● *Dites si l'on évoque quelque chose qui se produit ou s'est produit : souvent, rarement, jamais :*

	Souvent	Rarement	Jamais
1. Je ne l'ai pas vu depuis une éternité.			
2. Je le rencontre 10 fois par jour.			
3. Je le rencontre presque tous les jours.			
4. Je ne lui parle plus du tout.			
5. Il ne me quitte pas d'une semelle.			
6. Ici, on ne connaît pas la pluie.			
7. Je lui téléphone de temps en temps.			
8. Il est toujours content.			
9. Il m'appelle sans arrêt.			
10. Il a l'habitude de déjeuner avec Pierre.			

Exercice n° 89 — FRÉQUENCE

● *Dites si l'événement en italique dans chaque phrase se produit ou s'est produit une seule fois ou s'est répété de façon régulière.*

	L'événement s'est produit une fois	L'événement s'est répété
1. Je l'ai vu quand *j'allais au cinéma*.		
2. Le mercredi *j'allais au cinéma*.		
3. *Il me téléphonait* à n'importe quelle heure du jour ou de la nuit.		
4. *Il était toujours en retard*.		
5. Un jour, *j'étais très en retard* ; en arrivant à mon travail, *je me suis aperçu* que j'avais une chaussure différente à chaque pied.		
6. *Je suis très distrait*. Un jour, *j'ai enfermé ma secrétaire* en quittant le bureau. Maintenant, *quand je sors*, elle me dit toujours « Faites attention, je suis là. »		

Exercice n° 90 — AVEC OU SANS PRÉCISION

● *Dites si l'information donnée est située dans le temps de façon précise ou imprécise :*

	Précis	Imprécis
1. Il arrive vers 10 heures.		
2. Il va arriver ces jours-ci.		
3. Je pars à midi pile.		
4. Je voudrais une place pour le vol Paris-Bangkok de 18 h 20.		
5. Je te retrouve aux alentours de midi.		
6. On se voit quand tu veux.		
7. Je passerai vous voir un de ces jours !		

Exercice n° 91 — DIFFÉRENCE ENTRE : DEPUIS ET IL Y A

● *Observez les phrases suivantes et remplissez le tableau suivant. Par exemple mettez une croix dans la case* **depuis + heure précise** *parce que dans l'exemple, « je t'attends depuis midi et demi », depuis est suivi de l'expression de l'heure.*

Exemple : Je t'attends **depuis** midi et demi.
1. Il est arrivé il y a deux jours.
2. J'en rêve depuis 10 ans.
3. Il est là depuis lundi.
4. Je l'ai vu il y a une semaine.
5. Il y a 10 ans, tu n'étais pas né.
6. Il est là depuis le 1er mai 1986.
7. Il est parti il y a 5 minutes.
8. Il travaille depuis hier.
9. Je ne l'ai pas revu depuis son mariage.
10. Il lui parle depuis plus d'une heure.

Depuis	Il y a	suivis de :
X		heure précise (18 h 25, midi)
		date (le 10 juin 87, etc.)
		jour (lundi, mardi, etc.)
		événement (la Révolution, Noël, etc.)
		durée en heures, minutes, secondes
		durée en jours, semaines, mois, années
		hier, la semaine dernière, etc.

11 SE SITUER DANS LE TEMPS

Exercice n° 92 — DEPUIS/IL Y A ET TEMPS VERBAUX

● *Quels sont les temps que l'on peut utiliser avec **depuis** et **il y a** ? Observez les phrases suivantes et remplissez le tableau :*

	Présent	Passé composé	Passé composé négatif	Imparfait
Exemple : Il habite ici *depuis* 10 ans	X			
1. Il n'a pas mangé *depuis* deux jours				
2. Il est mort *il y a* une semaine				
3. Il était malade *depuis* 10 ans				
4. Je ne l'ai pas vu *depuis* lundi				
5. Il est parti *il y a* une semaine				
6. *Il y a* deux heures, il était encore là				
7. Il n'a pas rencontré Paul *il y a* huit jours, mais seulement hier.				

Exercice n° 93 — DEPUIS/ÇA FAIT...QUE/IL Y A...QUE

● *En vous servant de l'exemple suivant, rédigez une phrase qui résume les informations données :*

EXEMPLE :	RÉPONSE :
Date : 16 avril 90 Événement : maladie Début : le 9 avril 90	Je suis malade **depuis** une semaine. ou : **Cela fait** une semaine **que** je suis malade. ou : **Il y a** une semaine que je suis malade.

1. Date : 20 septembre 90
   Événement : Arrivée en France
   Date de l'arrivée : 20 juin 90
   ....

2. Date : 28 août 90
   Événement : Pluie
   Début de l'événement : 20 août 90
   ....

3. Date : 20 janvier 91
   Événement : Pierre ne fume plus
   Début de l'événement : 20 décembre 90
   ....

4. Date : 3 mars 91
   Événement : Mariage de Catherine
   Début de l'événement : 3 décembre 90
   ....

5. Date : 28 février 91
   Événement : Neige
   Début de l'événement : 7 février 91
   ....

Exercice n° 94 — PRÉSENT / PASSÉ / FUTUR

● *Dites si la personne qui parle évoque le présent, le passé ou le futur :*

	Passé	Présent	Futur
1. Je pars demain.			
2. Il vient de partir.			
3. Il n'est pas là.			
4. Il va arriver.			
5. Il est né un lundi.			
6. Je suis malade.			
7. Elle arrivera demain.			
8. Je vous attends jusqu'à midi.			
9. Il est allé faire des courses.			
10. Je passe te voir à midi.			

Exercice n° 95 — PASSÉ COMPOSÉ : ÊTRE OU AVOIR

● *Complétez les phrases suivantes en utilisant un des verbes proposés :*

1. Il est .... par le train de 15 h 43.
   - partir
   - voyager
   - prendre

2. J'ai .... l'avion, c'est plus rapide.
   - voyager
   - prendre
   - partir

3. Ils sont .... au restaurant.
   - manger
   - aller
   - déjeuner

4. Il est .... très riche.
   - être
   - gagner
   - devenir

5. J'ai .... très tôt ce matin.
   - travailler
   - partir
   - descendre

6. Il a .... en 1986.
   - mourir
   - naître
   - disparaître

7. Il est .... chez des amis.
   - aller
   - visiter
   - manger

8. Je lui ai ....
   - voir
   - parler
   - visiter

9. Il est .... sans laisser d'adresse.
   - entrer
   - partir
   - disparaître

11 SE SITUER DANS LE TEMPS

Exercice n° 96 — IMPARFAIT / PASSÉ COMPOSÉ

● *Choisissez la solution qui correspond à l'image :*

1. Quand il est entré, ...
   - elle l'embrassait
   - elle l'a embrassée
   - elle l'a embrassé

2. Quand je suis arrivé, ...
   - il est parti
   - il partait
   - il était parti

3. Quand je suis partie, ...
   - il dormait
   - il a dormi
   - ils étaient endormis

4. Quand il m'a vu, ...
   - ils se sont arrêtés
   - il s'arrêtait
   - il s'est arrêté

5. Quand elle a aperçu Pierre, ...
   - elle lui a souri
   - il souriait
   - ils se sont souri

Exercice n° 97 — RACONTER AU PASSÉ

● *Utilisez les informations suivantes et construisez un texte en respectant le modèle donné en exemple :*

EXEMPLE :	MODÈLE :
Informations : Samedi : cinéma avec Pierre Dimanche : promenade forêt de Fontainebleau	Samedi, je **suis allé** au cinéma avec Pierre. Dimanche, j'**ai fai**t une promenade dans la forêt de Fontainebleau.

1. Janvier : voyage en Inde avec Alice (départ le 3 janvier)
   27 janvier : retour en France

2. Vendredi : ski avec les enfants
   Samedi : théâtre avec Jean-Luc

3. Vacances de Noël : voyage d'une semaine aux États-Unis avec Jacques
   Vacances de Pâques : ski dans les Alpes

4. Hier : orage terrible
   Avant-hier : beau temps

5. Lundi : Marie : opération de l'appendicite
   Hier : sortie de l'hôpital

6. Mardi : achat d'une voiture
   Mercredi : accident

7. Janvier : neige
   Février : pluie

11. SE SITUER DANS LE TEMPS

Exercice n° 98 — RACONTER SON PASSÉ

L'interrogatoire de police.

Emploi du temps de Paul Tronc :
20 heures : journal télévisé
20 h 30-21h : repas (une boîte de raviolis)
22 heures : coucher

Emploi du temps de Pierre Quiroule :
19 h 30 : sort de chez lui et va acheter des cigarettes au bureau de tabac
20 heures : repas au restaurant « Le Cyrano »
22 heures : retour à la maison

- *Répondez aux questions de l'inspecteur :*

1 – Monsieur Paul Tronc, que faisiez-vous hier soir à 20 heures ?
– ....

2 – Et que faisiez-vous de 20 h 30 à 21 h ?
– ....

3 – A quelle heure vous êtes-vous couché ?
– ....

4 – Monsieur Pierre Quiroule, pouvez-vous me dire ce que vous faisiez entre 20 heures et 22 heures ?
– ....

5 – Où étiez-vous à 19 h 15 ?
– ....

6 – Où étiez-vous à 23 heures ?
– ....

Exercice n° 99 — JUSQU'À/JUSQU'À CE QUE/TANT QUE

- *Complétez les phrases en utilisant* jusqu'à, jusqu'à ce que *ou* tant que :

1 .... jusqu'à ce qu'il comprenne.
– je lui ai expliqué
– je ne lui ai rien expliqué
– je n'ai rien dit

2 .... tant qu'il ne se sera pas excusé.
– je refuse de lui parler
– je lui ai téléphoné
– je l'aimerai

3 Je n'ai rien dit ....
– tant qu'il sera là
– jusqu'à ce qu'il arrive
– tant qu'il ne sera pas là

4 Je ne bougerai pas d'ici .... il ne m'aura pas reçu.
– jusqu'à ce que
– tant que

5 Je t'aimerai .... la mort.
– tant que
– jusqu'à

6 Je t'ai attendu ....
– jusqu'à midi
– tant qu'il n'est pas midi

7 Est-ce que tu peux me prêter 1000 francs .... ?
– tant que j'ai de l'argent
– jusqu'à vendredi
– jusqu'à ce que je n'aie plus d'argent

Exercice n° 100 : JUSQU'À/JUSQU'À CE QUE/TANT QUE

● *Complétez les phrases en utilisant* **tant que, jusqu'à** *ou* **jusqu'à ce que** :

1. Je patienterai .... lundi.
2. Je ne peux pas le croire .... je ne l'aurai pas vérifié.
3. J'ai insisté .... elle accepte.
4. Je ne ferai rien .... vous ne m'aurez pas téléphoné.
5. Il a travaillé .... sa mort.
6. Je l'ai appelé .... il réponde.

Exercice n° 101 : CHRONOLOGIE

● *En vous aidant du tableau ci-dessous, remettez le texte dans l'ordre chronologique :*

1958 Naissance de François Hiler	1. Il a commencé sa carrière à Blois.
1978 Fin de ses études secondaires	2. Après des études à l'ENA,
1981 Etudes supérieures à l'ENA	3. Julie l'a quitté après quatre ans de vie commune.
1986 Premier poste à la Sous-Préfecture de Blois	4. Il est né en 1958.
1987 Rencontre avec Julie Sab, actrice	5. Il a terminé ses études en 1978.
1989 Premier film de François Hiler	6. Trois ans plus tard, il a réalisé son premier film.
1991 Rupture avec Julie Sab	7. Très rapidement, il est devenu ministre.
1992 Il est nommé Ministre de la Culture au Parlement Européen	8. L'année suivante il a rencontré la femme de sa vie.

SE SITUER DANS LE TEMPS

Exercice n° 102 — PARLER DE L'AVENIR

● *Reformulez les informations données en vous servant du modèle suivant :*

EXEMPLE :	MODÈLE :
Informations : Pays : France Année : 2000 Population prévue : 70 000 000 d'habitants Français de plus de 40 ans : 35 000 000	En l'an 2000, la France **comptera** 70 000 000 d'habitants. La moitié de la population **sera** âgée de plus de 40 ans.

1. Date : 2010
   Personne : Pierre Albert
   Âge : 40 ans

2. Date : 2000
   Ville : Mexico
   Population prévue : 30 millions d'habitants

3. Date : 2005
   Ville : Paris
   Construction de la Grande Bibliothèque terminée

4. Date : 1998
   Liaison par TGV Francfort / Barcelone possible

5. Date : 1994
   Pays : France
   Élections législatives

QUANTIFIER

Ce chapitre regroupe une série d'exercices portant sur les outils linguistiques qui permettent d'introduire des informations quantitatives dans son discours.

12 QUANTIFIER

Exercice n° 103 — DIRE COMBIEN

● *Précisez combien (écrivez les chiffres en toutes lettres) :*

1. J'en ai pour............ secondes.
2. – On se revoit dans deux semaines ?
   – D'accord, à bientôt, dans .... jours !
3. Vous désirez une chambre individuelle ou............ chambre pour .... personnes ?
4. Je voudrais .... kilo de tomates.
5. En France la majorité est à............ ans.
6. J'ai .... enfants : Pierre, Paul, Hélène et Sylvie.
7. C'est ouvert nuit et jour .... heures sur ....
8. En France, en 1981, la semaine de travail est passée de .... heures à............ heures. On peut prendre sa retraite à partir de .... ans.
9. Il travaille .... jours sur .... , même le samedi et le dimanche.
10. Il ne faut pas courir .... lièvres à la fois. (Proverbe)
11. Il est né le .... décembre, la veille de Noël.
12. .... pour cent des Français, soit 1 habitant sur 2, se lèvent avant 7 heures du matin.

Exercice n° 104 — EXPRIMER UNE QUANTITÉ

● *Complétez en choisissant le nom qui convient :*

1. Je voudrais deux .... de jambon.
   – morceaux
   – tranches
   – douzaines

2. Donnez-moi une .... d'œufs.
   – livre
   – kilo
   – douzaine

3. Je voudrais une .... de beurre.
   – tranche
   – kilo
   – demi-livre

4. Achète un .... de lait.
   – litre
   – bouteille
   – kilo

5. Faites cuire à feu doux et ajouter une .... de sel.
   – pincée
   – poignée
   – livre

6. Je prendrai deux .... de Porto.
   – mains
   – pieds
   – doigts

7. Prendre deux .... à café de sirop avant chaque repas.
   – cuillères
   – tasses
   – fourchettes

8. Je voudrais une .... de cigarettes.
   – cartouche
   – boîte
   – paquet

9. Vous n'auriez pas un .... d'aspirine ? J'ai mal à la tête.
   – paquet
   – cachet
   – flacon

10. Est-ce que vous désirez prendre une .... de vin ?
    – goutte
    – tasse
    – tonneau

Exercice n° 105 — LES NOMBRES DANS LES EXPRESSIONS IMAGÉES

● *Complétez les phrases suivantes avec l'expression imagée qui convient :*

1. Ils se sont mis .... pour me recevoir.
   - en deux
   - en trois
   - en quatre

2. Vous vous décidez ou on continue à couper les cheveux en .... ?
   - dix
   - trois
   - quatre

3. Pour son mariage il a abandonné ses santiags et son jean et il s'est mis sur son ....
   - vingt-deux
   - trente-trois
   - trente et un

4. .... à table, ça porte malheur.
   - dix
   - douze
   - treize

5. Un tiens vaut mieux que .... tu l'auras.
   - un
   - deux
   - trois

6. .... ! Voilà les flics !
   - dix-huit
   - trente-six
   - vingt-deux

7. Il a fait ça en .... temps .... mouvements.
   - un – trois
   - cinq – quatre
   - deux – six

8. J'étais plié en .... tellement c'était drôle.
   - quatorze
   - quatre
   - quarante

9. Je n'ai fait ni .... ni .... , je suis parti en courant.
   - une – deux
   - une – trois
   - deux – dix

10. On va trouver une solution. On pourrait couper la poire en ....
    - quatre
    - deux
    - trois

12 QUANTIFIER

Exercice n° 106 — LES COMPARATIFS

● *Choisissez la ou les expressions qui ont la même signification que chacune des phrases suivantes* :

1. Comme d'habitude, Jean est arrivé à l'heure et Pierre est toujours en retard.
   - Jean est plus ponctuel que Pierre.
   - Pierre arrive toujours plus tôt que Pierre.
   - Jean est moins ponctuel que Pierre.

2. Hans Müller et Peter Brown se sont retrouvés ex-æquo sur la ligne d'arrivée.
   - Hans Müller a été plus rapide que Peter Brown.
   - Müller n'a pas été plus rapide que Brown.
   - Müller est aussi rapide que Brown.

3. C'est Peter Müller qui a accompli la meilleure performance.
   - Peter Müller a couru aussi vite que les autres concurrents.
   - Peter Müller a été le plus lent.
   - Peter Müller a été le plus véloce.

4. Contrairement à ce que je pensais il a fait preuve d'une attention exemplaire.
   - Il a été plus distrait que je ne pensais.
   - Je ne m'attendais pas à ce qu'il soit aussi tête en l'air.
   - Je ne pensais pas qu'il serait aussi attentif.

5. C'est le seul qui a eu un comportement arrogant.
   - C'est celui qui a été le plus hautain.
   - De tous c'est lui qui a été le plus conciliant.
   - C'est lui qui a été le plus accommodant.

6. Paul est le seul qui n'a pas osé s'exprimer.
   - Paul a été le plus réservé de tous.
   - C'est Paul qui a été le plus exubérant.
   - Paul, c'est le plus grand bavard de la terre.

SE SITUER DANS L'ESPACE

Ce chapitre regroupe une série d'exercices portant sur les outils linguistiques qui permettent de situer son discours dans l'espace.

13 SE SITUER DANS L'ESPACE

Exercice n° 107 — AU/EN + NOM DE PAYS

Lorsque l'on utilise un nom de pays, une des principales difficultés est de savoir quelle préposition utiliser : **au** ou **en** ?
Pour savoir comment ça marche, vérifions quelques hypothèses.

● *Pour chaque exemple, dites si l'hypothèse proposée est vraie ou fausse :*

Hypothèse 1 : J'utilise **en** avec les verbes de mouvements (comme *aller, se rendre à*) et **au** quand le verbe n'exprime pas de mouvement (comme *être, habiter, vivre, travailler*).

L'hypothèse 1 est :

vraie	fausse

1. J'habite au Portugal. ....
2. Je vais en Italie. ....
3. J'habite en Espagne. ....
4. Je travaille en France. ....
5. Je vais souvent au Maroc. ....
6. Il va faire un voyage au Cameroun. ....

Conclusion : l'hypothèse 1 fonctionne { oui ☐ / non ☐

HYPOTHÈSE 2 :
Dans les exemples utilisés ci-dessus, les noms de pays masculins (le Portugal, le Maroc, le Cameroun) sont tous masculins et fonctionnent tous avec **au**. Ceux qui fonctionnent avec **en** sont tous féminins (l'Italie, l'Espagne, la France).
Vérifions notre deuxième hypothèse : les noms de pays masculins fonctionnent avec **au** et les noms de pays féminins fonctionnent avec **en** :

L'hypothèse 2 est :

vraie	fausse

1. Il vit au Liban. ....
2. Il travaille en Côte d'Ivoire. ....
3. Il est allé en Iran. ....
4. Il prend ses vacances en Finlande. ....
5. Je dois me rendre en Afghanistan. ....

Conclusion : l'hypothèse 2 fonctionne { oui ☐ / non ☐

L'Iran et l'Afghanistan sont masculins mais commencent par une voyelle. C'est pour cela qu'ils fonctionnent avec **en**.
Comment savoir si un nom de pays est masculin ou féminin ?

Hypothèse 3 :
Tous les noms de pays qui terminent par une voyelle sont féminins.

L'hypothèse 3 est :

	vraie	fausse
1. J'aime beaucoup le Mexique.		
2. Je quitte la France.		
3. C'est où le Guatemala ?		
4. Il vient du Burundi.		
5. J'adore la Turquie.		
6. Il a visité le Chili.		

Conclusion : l'hypothèse 3 fonctionne { oui ☐ / non ☐ }

Vérifions maintenant si la règle suivante fonctionne :
Tous les noms de pays fonctionnent avec **en**, à l'exception des noms de pays masculins qui commencent par une consonne et qui, eux, fonctionnent avec **au**.

Cette règle est :

	vraie	fausse
1. Il vit au Honduras.		
2. Je vais en Suisse.		
3. J'habite en Équateur.		
4. Il va au Pérou.		
5. C'est en Indonésie.		
6. J'aimerais aller en Chine.		
7. Il voyage en URSS.		
8. Il a vécu longtemps au Togo.		
9. Il est en Iran.		
10. Il part en Hollande.		
11. Il réside au Gabon.		
12. Je suis né au Canada.		

En effet, seuls les noms de pays masculins qui commencent par une consonne fonctionnent avec **au** (le Togo, le Pérou, le Gabon, le Canada). À cette liste il faut ajouter le Honduras, qui commence par un « H » aspiré.
Tous les autres, les masculins qui commencent par une voyelle (l'Iran, l'Afghanistan, l'Équateur), les féminins qui commencent par une voyelle, une consonne ou un « H » (l'Indonésie, la Chine, la Hollande, etc. . .) fonctionnent avec **en**.
Attention aux noms de pays qui sont des îles (Cuba, Madagascar, etc.) car certains fonctionnent avec **à** (à Cuba, à Madagascar, etc.)

13 SE SITUER DANS L'ESPACE

Exercice n° 108 — AU/EN + NOMS DE PAYS

● *Complétez les phrases suivantes en utilisant un nom de pays (attention à la préposition qui précède !) :*

1. Au ...., on fabrique une excellente tequila.
2. En ...., il faut absolument visiter le lac du Loch Ness.
3. En ...., il y a plus de 300 sortes de fromages.
4. Aux ...., on vient de fêter le centenaire de la statue de la liberté.
5. En ...., j'ai fait une croisière sur le Nil.
6. J'ai vécu 5 mois en ...., près de Kiev.
7. J'ai fait une escale à Téhéran, en ....
8. En ...., j'ai traversé la pampa.
9. En ...., j'ai visité la tour de Pise.
10. En ...., il y a plus d'un milliard d'habitants.
11. Cette année, je vais en vacances à Marrakech, au ....
12. Si tu vas en ...., ramène-moi une bouteille de retsina.
13. Il va au .... C'est un petit pays entre le Nicaragua et le Guatemala.
14. En ...., la monnaie est le zloty.

Exercice n° 109 — VILLES, PAYS, ÎLES

● *Complétez avec des noms de villes, de pays ou d'îles :*

Il l'avait rencontrée à Acapulco .... Elle ne fumait que des havanes, de ceux qu'on ne trouve qu' ....
Il venait .... en Espagne où il avait réalisé un film sur le Musée du Prado.
Ils décidèrent de regagner Mexico ensemble et de rentrer .... pour assister aux fêtes du bicentenaire de la Révolution de 89. Elle ne connaissait pas Paris.
Elle avait passé toute son enfance ...., la ville aux 7 collines. Puis elle avait suivi ses parents .... la capitale de la Catalogne. Fille de diplomate, elle avait connu une vie de nomade : deux ans .... où elle avait pu apprécier les sites magiques du Machu Pichu, puis, changement de continent et un bref séjour à Riyad ....
Ensuite elle avait vécu .... le pays du chewing-gum et des gratte-ciel.

Cette aventure ne dura qu'un mois. Il partit un matin sans un mot vers l'Europe du Nord .... le pays des 1 000 lacs. Il lui avait laissé un numéro de téléphone .... la capitale.

Exercice n° 110 — DIRE OÙ

• *Complétez en choisissant le nom qui convient :*

1. Si tu vas au .... , achète-moi des tomates.
   - cinéma
   - épicerie
   - marché

2. Est-ce que tu peux m'emmener à la .... , j'attends quelqu'un au .... de 22 h 43.
   - gare
   - poste
   - aéroport
   - ascenseur
   - avion
   - train

3. Je travaille à la .... , au service des télégrammes.
   - cinéma
   - poste
   - P.T.T.

4. Il est à l' .... , il a subi une opération à cœur ouvert.
   - bar
   - épicerie
   - hôpital

5. Il est à l' .... du Nord.
   - hôtel
   - gare
   - restaurant

6. Il a été enterré au .... municipal.
   - stade
   - piscine
   - cimetière

7. Il est professeur à la ....
   - Faculté des Lettres
   - lycée
   - gare

8. Hier soir, au .... on a assisté à un excellent tennis.
   - Tournoi Rolland-Garros
   - Gala de l'Olympia
   - Parc des Princes

9. Quand je vais au .... , je vais toujours voir les girafes.
   - théâtre
   - lycée
   - zoo

13 SE SITUER DANS L'ESPACE

Exercice n° 111 — DIRE OÙ

● *Complétez les phrases en choisissant le mot qui convient :*

    au centre   loin
    au bord   sur
    près   à côté
    chez   à l'extérieur

1. Appelle-moi ce soir, je serai .... moi.
2. Il a une maison .... de la mer.
3. Tu connais le bar qui est .... de la mairie ?
4. Ce n'est pas très .... d'Avallon.
5. Tu sais c'est .... du théâtre.
6. Il y a une grande terrasse .... Pierre.
7. Son appartement est .... de la place du marché.
8. Il y a un cirque .... la grande place du village.
9. Ma voiture est garée .... du théâtre.
10. Le théâtre est .... de la ville.
11. Il y a une usine de produits chimiques .... de la ville.

FRANÇAIS FAMILIER, EXPRESSIONS IMAGÉES

Ce chapitre regroupe une série d'exercices, portant sur le français familier et un certain nombre d'expressions imagées que les Français aiment à utiliser dans les situations de communication amicales et décontractées.

14 FRANÇAIS FAMILIER, EXPRESSIONS IMAGÉES

Exercice n° 112 — REGISTRE FAMILIER

● *Souligner les mots qui appartiennent à un registre familier et dites ce qu'ils signifient :*

1. J'adore cette **nana** !
   - fille
   - ananas
   - ville

2. C'est une bonne **bagnole**, je ne veux pas la changer !
   - femme
   - idée
   - voiture

3. Excusez-moi, j'ai beaucoup de **boulot**.
   - problème
   - enfant
   - travail

4. Si on allait au **cinoche** ?
   - travail
   - restaurant
   - cinéma

5. Toi, si tu continues, tu vas recevoir une **tarte** !
   - gâteau
   - baiser
   - gifle

6. Demain, je reste au **pieu** jusqu'à midi.
   - lit
   - église
   - travail

7. **Grouille-toi**, je suis pressé !
   - lève-toi
   - couche-toi
   - dépêche-toi

8. Fais **gaffe**, ça glisse !
   - dépêche-toi
   - fais vite
   - fais attention

9. Je n'ai plus un **radis**.
   - j'ai faim
   - je n'ai plus d'argent
   - je vais faire des courses

10. Il est complètement **rond**.
    - gros
    - imbécile
    - ivre

Exercice n° 113 — REGISTRE FAMILIER

• *Complétez le texte suivant en choisissant parmi les trois expressions proposées celle qui appartient au langage familier :*

Hier, il m'est arrivé un drôle de .... (1). Je rentre dans un .... (5) pour boire un .... (9). A côté de moi, il y avait une .... (2). Je commence à .... (6). J'avais l'impression de l'avoir vue quelque part. Je lui demande où elle .... (10). Elle me dit « à deux pas d'ici ». Je l'invite à .... (3). Elle se fâche, met .... (7) sur la table et .... (11). Je l'ai revue ce matin, c'est la femme de mon .... (4). Il m'a .... (8). Il va falloir que je trouve .... (12).

1
— truc
— histoire
— aventure

2
— nana
— jeune femme
— jeune fille

3
— bouffer
— déjeuner
— manger

4
— direlo
— patron
— directeur

5
— bar
— bistrot
— café

6
— lui parler
— lui faire la cour
— la draguer

7
— de l'argent
— 10 francs
— 10 balles

8
— viré
— mis à la porte
— licencié

9
— verre
— pot
— café

10
— vit
— habite
— crèche

11
— s'en va
— se barre
— sort

12
— du travail
— du boulot
— un emploi

103

14 FRANÇAIS FAMILIER, EXPRESSIONS IMAGÉES

Exercice n° 114 — REGISTRE FAMILIER

● *Remplacez les expressions familières en italique par un mot ou une expression de même sens, mais non familière :*

Exemple : J'ai acheté une petite *baraque* à la campagne. → **maison**

1. Je connais un petit *restau* pas cher.
2. Le *proprio* n'a pas l'air sympa.
3. Tu bois du *pinard* ou de la *flotte* ?
4. Son père est *flic*.
5. Qui c'est le *mec en costard* ?
6. J'en ai *ras le bol*.
7. Tu devrais changer de *bagnole*.
8. Tu les as achetées où, tes *godasses* ?
9. Il est *chouette* ton *futal*.
10. Il a un gros *pif*.
11. Il s'est fait couper les *tifs*.
12. J'ai mal au *bide*.
13. Tu peux m'acheter des *clopes* ?
14. On regarde la *téloche* ou on va au *cinoche* ?
15. Il est bon ce *calendos*.
16. Attention ! Il a un *flingue*.
17. Il est complètement *dingue*.
18. Je rentre à *pinces*.
19. Tu fais une drôle de *tronche*.

Exercice n° 115 — EXPRESSIONS IMAGÉES

Chapitre 1 : Fruits et légumes

● *Choisissez l'expression qui convient :*

1. Il te raconte des ....
   - carottes
   - salades
   - navet

   Cette expression signifie :
   - il ne dit pas la vérité
   - il dit des choses très intéressantes
   - il raconte une histoire drôle

2. Ce film, c'est un ....
   - navet
   - concombre
   - chou

   Cette expression signifie :
   - c'est un excellent film
   - c'est un mauvais film
   - c'est un film très émouvant

3 Il est tombé dans les ....
  - poires
  - prunes
  - pommes

  Cette expression signifie :
  - il s'est évanoui
  - il a glissé
  - il s'est endormi

4 J'ai travaillé pour des ....
  - patates
  - pêches
  - prunes

  Cette expression signifie :
  - j'ai travaillé pour rien
  - j'ai gagné beaucoup d'argent
  - j'ai bien travaillé

5 Dès que tu le regardes il devient rouge comme une ....
  - betterave
  - pomme
  - tomate

  Cette expression signifie :
  - c'est un garçon très timide
  - il a chaud
  - il a pris un coup de soleil

6 Occupe-toi de tes ....
  - haricots
  - navets
  - oignons

  Cette expression signifie :
  - ne te mêle pas de ça
  - mange ta soupe
  - cultive ton jardin

7 Il a fait ....
  - chou blanc
  - chou vert
  - chou rouge

  Cette expression signifie :
  - il a échoué
  - il a réussi
  - il a gagné

8 Va donc eh .... !
  - poireau
  - pomme de terre
  - patate

  Cette expression signifie :
  - tu es bête
  - tu es beau
  - dépêche-toi

9 Il sucre les ....
  - cerises
  - fraises
  - raisins

  Cette expression signifie :
  - il tremble
  - il gagne beaucoup d'argent
  - il est gourmand

10 Il ramène toujours sa ....
  - poire
  - tomate
  - fraise

  Cette expression signifie :
  - il ne parle pas beaucoup
  - il intervient tout le temps
  - il est un peu timide

11 Je la trouve un peu ....
  - courge
  - concombre
  - chou-fleur

  Cette expression signifie :
  - elle est bête
  - elle est jolie
  - elle est grosse

12 C'est la fin des ....
  - potirons
  - petits pois
  - haricots

  Cette expression signifie :
  - c'est la catastrophe
  - c'est l'hiver
  - c'est cuit

14 FRANÇAIS FAMILIER, EXPRESSIONS IMAGÉES

Exercice n° 116 — EXPRESSIONS IMAGÉES

Chapitre 2 : Les animaux

● *Choisissez l'expression qui convient :*

1. Il a versé des larmes de ....
   - crocodile
   - girafe
   - poulet

   Cette expression signifie :
   - c'est un hypocrite
   - il est triste
   - il est malade

2. Il a pris la ....
   - vache
   - mouche
   - fourmi

   Cette expression signifie :
   - il s'est fâché
   - il s'est marié
   - il a chanté

3. J'ai une faim de ....
   - lion
   - tigre
   - loup

   Cette expression signifie :
   - j'ai très faim
   - je n'ai pas beaucoup d'appétit
   - j'ai trop mangé

4. Elle a un appétit ....
   - de fourmi
   - d'oiseau
   - de vache

   Cette expression signifie :
   - elle a très faim
   - elle mange très peu
   - elle mange énormément

5 Il pratique la politique ....
- de l'autruche
- du rat
- du serpent

Cette expression signifie :
- il est très réaliste
- il refuse d'affronter la réalité
- il a perdu la tête

6 Elle a une taille de ....
- vache
- kangourou
- guêpe

Cette expression signifie :
- elle est grosse
- elle est enceinte
- elle est mince

7 Il fait un temps de ....
- poisson
- chien
- chat

Cette expression signifie :
- le soleil brille
- je suis pressé
- il fait mauvais temps

8 Il a une fièvre de ....
- cheval
- chameau
- zèbre

Cette expression signifie :
- il est en forme
- il est malade
- il fait chaud

9 C'est un .... de la Finance.
- serpent
- scorpion
- requin

Cette expression signifie :
- il est sans scrupule
- il est employé de banque
- il ne sait pas nager

10 C'est un chaud ....
- cochon
- rat
- lapin

Cette expression signifie :
- il court après toutes les filles
- il est malade
- il a de la fièvre

11 Je vais chez les ....
- rats
- poulets
- cochons

Cette expression signifie :
- je vais au commissariat de police
- je vais à la campagne
- je vais à la cave

12 Il a une langue de ....
- boeuf
- chat
- vipère

Cette expression signifie :
- il ne parle pas beaucoup
- il dit beaucoup de choses méchantes
- il a un défaut de prononciation

14 FRANÇAIS FAMILIER, EXPRESSIONS IMAGÉES

Exercice n° 117 — EXPRESSIONS IMAGÉES

Chapitre 3 : La matière

● *Choisissez l'expression qui convient :*

1. Je ne supporte plus la langue de ....
   - bois
   - béton
   - fer

   Cette expression signifie :
   - j'aime quand on parle clairement
   - j'arrête de boire
   - je ne supporte plus qu'on me dise des méchancetés

2. Il a une santé de ....
   - béton
   - zinc
   - fer

   Cette expression signifie :
   - il est toujours malade
   - il n'est jamais malade
   - il va mourir

3. Elle a un moral ....
   - d'acier
   - de pierre
   - de verre

   Cette expression signifie :
   - elle a beaucoup de volonté
   - elle déprime
   - elle n'a pas de morale

4. J'ai les jambes en ....
   - coton
   - argent
   - bois

   Cette expression signifie :
   - je suis cul-de-jatte
   - je me sens faible
   - j'ai de très belles jambes

5. Il est resté de ....
   - fer
   - plomb
   - marbre

   Cette expression signifie :
   - il est resté impassible
   - il n'est pas sorti de chez lui
   - il est resté inflexible

6. Ce matin, j'ai la gueule ....
   - en béton
   - de fer
   - de bois

   Cette expression signifie :
   - j'ai trop bu hier soir
   - j'ai trop mangé hier soir
   - j'ai mal aux dents

7. Il s'est enfermé dans sa tour ....
   - de fer
   - d'ivoire
   - de sable

   Cette expression signifie :
   - il est inaccessible
   - il a perdu sa clé
   - il habite dans un immeuble d'au moins 20 étages

8. C'est une affaire en ....
   - papier
   - argent
   - or

   Cette expression signifie :
   - c'est un objet précieux
   - c'est une bonne affaire
   - c'est une mauvaise affaire

Exercice n° 118 — EXPRESSIONS IMAGÉES

Chapitre 4 : Le corps humain

● *Choisissez l'expression qui convient :*

1. J'ai pris ....
   - mon bras
   - ma main
   - mon pied

   Cette expression signifie :
   - j'ai demandé quelqu'un en mariage
   - j'ai éprouvé beaucoup de plaisir
   - j'ai pris de l'argent

2. C'est mon ....
   - bras gauche
   - bras droit
   - œil droit

   Cette expression signifie :
   - c'est mon principal collaborateur
   - c'est l'amour de ma vie
   - c'est un inconnu

3. J'ai demandé ....
   - sa jambe
   - sa tête
   - sa main

   Cette expression signifie :
   - je l'ai saluée
   - je lui ai demandé de m'aider
   - je l'ai demandée en mariage

4. Il a .... sur ....
   - un poil   - la langue
   - un cheveu   - la main
   - un doigt   - l'œil

   Cette expression signifie :
   - il zozote
   - il est fainéant
   - il s'est trompé

5. Il se met .... dans ....
   - le doigt   - le nez
   - le pied   - l'oreille
   - la main   - l'œil

   Cette expression signifie :
   - il se trompe
   - il se mouche
   - il est myope

6. Il a .... dans ....
   - un doigt   - la main
   - un cœur   - l'œil
   - un poil   - le pied

   Cette expression signifie :
   - il est très généreux
   - il n'aime pas le travail
   - il boite

7. Il a .... sur ....
   - l'estomac   - la main
   - le foie   - les talons
   - le cœur   - les poignets

   Cette expression signifie :
   - il est très généreux
   - il a une indigestion
   - il a faim

FRANÇAIS FAMILIER, EXPRESSIONS IMAGÉES

8 Il a .... dans ....
   - le cœur
   - l'estomac
   - le cerveau
   - les talons
   - le coude
   - le ventre

   Cette expression signifie :
   - il est enthousiaste
   - il est malade
   - il est sourd

   Cette expression signifie :
   - il a froid
   - il a faim
   - il a peur

10 Il a .... qui enflent.
   - les chevilles
   - les cheveux
   - les genoux

9 Il a du .... au ....
   - poil
   - cœur
   - nez
   - pied
   - oreilles
   - ventre

   Cette expression signifie :
   - il est fier de lui
   - il a mal à la tête
   - il est fatigué

Exercice n° 119 — COMPARAISONS IMAGÉES

Expressions imagées permettant d'établir des comparaisons.

● *Choisissez l'expression qui a la même signification que chacune des phrases suivantes :*

1 Il n'y a pas plus obstiné que lui.
   - c'est une tête de linotte
   - il est têtu comme une bourrique
   - il est fort comme un turc

2 Il mange salement.
   - il a un appétit d'oiseau
   - il a une faim de loup
   - il mange comme un cochon

3 Il n'arrête pas de parler.
   - il jacasse comme une pie
   - il est muet comme une carpe
   - c'est une langue de vipère

4 Il est plongé dans un sommeil profond.
   - il ne dort que d'un œil
   - il dort comme un loir
   - il est myope comme une taupe

5 Il a fait preuve d'une grande célérité.
   - il a été rapide comme l'éclair
   - il est aussi connu que le loup blanc
   - il est lent comme une tortue

6 Dix ans après, il se souvient encore du moindre détail.
   - il a une cervelle d'oiseau
   - il a une tête de linotte
   - il a une mémoire d'éléphant

7 Il n'est pas drôle.
   - il est gai comme un pinson
   - il est triste comme une porte de prison
   - il est libre comme l'air

8 Il n'est pas très futé.
   - ce n'est pas aux vieux singes qu'on apprend à faire la grimace
   - il est rusé comme un renard
   - il n'a pas inventé l'eau chaude

15

CONJUGAISONS

Ce chapitre regroupe une série d'exercices portant sur la morphologie des verbes.

15 CONJUGAISONS

Exercice n° 120 — PARTICIPE PRÉSENT

● *Complétez en choisissant l'expression qui convient :*

1. C'est .... que l'on devient forgeron.
   - en forçant
   - en forgeant
   - en formant

2. La fortune vient ....
   - en mangeant
   - en chantant
   - en dormant

3. L'appétit vient ....
   - en dormant
   - en buvant
   - en mangeant

4. Est-ce que tu as vu la pièce de Beckett, ... *Godot* ?
   - *en regardant*
   - *en attendant*
   - *en rencontrant*

5. Ferme la porte ....
   - en sortant
   - en entrant
   - en arrivant

6. Il est arrivé .... à tue-tête.
   - en riant
   - en marchant
   - en chantant

7. .... bien, tu vas le retrouver.
   - en cherchant
   - en perdant
   - en oubliant

Exercice n° 121 — TERMINAISONS DU PRÉSENT

Terminaisons des verbes au présent avec *je, tu, il, nous, vous, ils*.

● *À partir des phrases qui suivent, remplissez le tableau :*

Il rit beaucoup.
Je parle trop.
Vous ne riez jamais.
Vous entendez ça ?
Je ne peux pas.
Ils peuvent partir.
Je ris souvent quand il ne faut pas.
Tu peux t'en aller, il est 6 heures.
Pourquoi est-ce que tu ris ?
Où est-ce que nous pouvons dormir ?
Il parle français.
Nous parlons pour ne rien dire.
Je n'entends rien.
Ils parlent tous ensemble.
Il peut entrer.
Nous ne rions pas souvent.
Même si ce n'est pas drôle, ils rient.
Mais, tu entends ça ?
Tu ne parles pas beaucoup.
Vous pouvez y aller.
Il entend tout.
Nous entendons ce bruit du soir au matin.

	PARLER	RIRE	ENTENDRE	POUVOIR
je				
tu				
il				
nous				
vous				
ils				

Vous obtenez ainsi les **quatre types de terminaisons**. En dehors de quelques verbes, c'est toujours à l'une de ces séries de terminaisons que vous aurez affaire.

15 CONJUGAISONS

Exercice n° 122 — TERMINAISONS DU PRÉSENT

Au présent, avec *je, tu, il*, les terminaisons des verbes à l'écrit se répartissent en 3 catégories :

Terminaisons en **e, es, e** pour plus de 90 % des verbes du vocabulaire français.
Terminaisons en **s, s, t** pour quelques centaines de verbes.
Terminaisons en **x, x, t** pour moins d'une dizaine de verbes.

Apprenons à les reconnaître.

● *Dans les phrases suivantes, soulignez les verbes, puis classez-les dans le tableau proposé ci-dessous, en utilisant la forme de leur infinitif.*

1. Ouvre-moi la porte !
2. Tu restes ici ou tu sors ?
3. Il veut sortir, je vais lui ouvrir.
4. Je peux aller chez des amis.
5. Il préfère rester.
6. Il vaut mieux le prévenir.
7. Je te préviens, je ne vais pas pouvoir le faire.
8. Qu'est-ce que tu fais ? Tu l'attends ?
9. Il doit préférer l'attendre.
10. Je vais devoir partir.
11. Je t'offre une semaine de vacances aux Antilles.
12. Je ne sais pas quoi lui offrir.

Présent en **e, es, e**	Présent en **s, s, t**	Présent en **x, x, t**
....	....	....
....	....	....
....	....	....
....	....	....

Exercice n° 123 — VERBES EN « IR » (PRÉSENT)

Si vous n'avez pas commis d'erreur dans l'exercice précédent, vous devez constater que dans la première colonne, celle des verbes en **e, es, e**, il y a beaucoup de verbes dont l'infinitif est en ER, mais qu'on y rencontre également des verbes en IR (comme *ouvrir, offrir*).

Cet exercice vous présente la totalité des verbes en IR qui se conjuguent comme un verbe en ER.

• *Soulignez les verbes en **IR** qui se conjuguent au présent comme les verbes en **ER** et inscrivez leur infinitif dans la liste de tous les verbes en IR qui se conjuguent de cette façon au présent.*

	Liste de tous les verbes en IR qui se conjuguent comme les verbes en ER au présent
1. Qu'est-ce que vous lui servez ?	
2. Quand est-ce que vous ouvrez ?	
3. Je vais cueillir des fleurs.	
4. Qu'est-ce que vous lui offrez ?	
5. J'espère recueillir des informations.	
6. Je suis très heureux de vous accueillir ici.	
7. Il souffre d'une grave maladie.	
8. Le vent souffle très fort.	
9. Vous allez découvrir un spectacle magnifique.	
10. Vous œuvrez pour le bien de l'humanité.	
11. Ils courent des risques.	
12. Je l'ai vu tressaillir.	
13. C'est à ce moment là qu'il a essayé de les assaillir.	
14. La neige recouvre tout.	
15. Il a failli défaillir.	
16. Est-ce que vous pouvez entrouvrir la fenêtre ?	

Question subsidiaire : Il existe un seul verbe en ER qui ne se conjugue pas en *e, es, e* avec *je, tu, il* ; lequel ? ....

Exercice n° 124 — MORPHOLOGIE DES VERBES EN « ER » (PRÉSENT)

La formation du présent des verbes en ER (parler, écouter, etc.) est très simple :
Infinitif – ER + terminaisons e, es, e, ons, ez, ent

• *Utilisez un des verbes proposés pour compléter les phrases :*

1. Nous .... français.
   - parler
   - aller
   - appeler

2. Je m' .... Roger.
   - regarder
   - appeler
   - entrer

3. Nous .... Lyon.
   - habiter
   - aller
   - arriver

4. Ils .... de Paris.
   - aller
   - arriver
   - habiter

5. Vous .... la France ?
   - aimer
   - arriver
   - entrer

6. Tu n' .... pas de pain ?
   - aimer
   - manger
   - acheter

7. Il .... en train.
   - habiter
   - voyager
   - marcher

8. Ils .... partir.
   - désirer
   - chercher
   - demander

15 CONJUGAISONS

Exercice n° 125 — VERBES EN « ELER » ET « ETER » (PRÉSENT)

La difficulté avec les verbes en ELER et ETER est de savoir quelle forme utiliser à l'écrit avec *je, tu, il* ou *ils* (**elle** ou **èle** / **ette** ou **ète** ?).

● *Classez les verbes des phrases suivantes, dans la colonne adéquate :*

1. Il pèle une pomme.
2. Vous épelez votre nom.
3. Il décèle une erreur.
4. Il chancelle sous la force du choc.
5. Je projette de lui rendre visite.
6. Il furète partout.
7. Il cachette l'enveloppe.
8. Je ne me rappelle plus son nom.

JETER	ACHETER	APPELER	GELER
je jette tu jettes il jette nous jetons vous jetez ils jettent	j' achète tu achètes il achète nous achetons vous achetez ils achètent	j' appelle tu appelles il appelle nous appelons vous appelez ils appellent	je gèle tu gèles il gèle nous gelons vous gelez ils gèlent
....	....	....	....

Exercice n° 126 — VERBES EN « CER » ET « GER » (PRÉSENT)

Ces verbes ont une petite particularité orthographique: avec *nous*, il faut transformer le C en **Ç** pour les verbes en CER et ajouter un **E** derrière le G pour les verbes en GER.

● *Complétez les phrases suivantes avec le verbe proposé :*

1. Nous .... demain. (*commencer*)
2. Nous .... très bien. (*nager*)
3. Nous vous .... au premier rang. (*placer*)
4. Nous .... à midi précise. (*manger*)
5. Nous .... un nouveau produit. (*lancer*)
6. Nous .... la Seine. (*longer*)
7. Nous nous .... à vos côtés. (*ranger*)
8. Nous nous .... à pied. (*déplacer*)

Exercice n° 127 — VERBES EN « YER » (PRÉSENT)

La particularité de ces verbes, à l'écrit, est de conserver le **Y** de l'infinitif avec *nous* et *vous* (nous essa**y**ons, vous essa**y**ez) et de le transformer en **i** avec *je, tu, il* et *ils* (je/tu vo**i**s, il vo**i**t, ils vo**i**ent). Avec *nous* et *vous* le Y correspond, à l'oral, à la présence du son [j].

● *Complétez les phrases en choisissant un des verbes proposés :*

1. J'............ de trouver une solution.
   - essayer
   - appuyer
   - payer

2. Je .... comptant.
   - essayer
   - payer
   - essuyer

3. Vous .... sur ce bouton.
   - appuyer
   - essuyer
   - rayer

4. Ils se .... Ils ne savent pas nager !
   - essuyer
   - essayer
   - noyer

5. Je vous .... chercher une réponse.
   - essayer
   - payer
   - envoyer

6. BONAX la lessive qui .... tout, même les taches les plus rebelles.
   - envoyer
   - nettoyer
   - essuyer

Exercice n° 128 — VERBES EN « ER » AVEC -É OU -È (PRÉSENT)

Les verbes en E + consonne + ER transforment le E en È avec *je, tu, il* et *ils*.
Les verbes en É + consonne + ER transforment le É en È avec *je, tu, il* et *ils*.

SEMER	CÉDER
je sèm e	je cèd e
tu sèm es	tu cèd es
il sèm e	il cèd e
nous sem ons	nous céd ons
vous sem ez	vous céd ez
ils sèm ent	ils cèd ent

● *Complétez les phrases suivantes avec le verbe proposé :*

1. Ici, on .... le poisson. (*congeler*)
2. Je .... une erreur. (*déceler*)
3. Je ne .... personne. (*léser*)
4. Je me .... très tôt. (*lever*)
5. Ils .... à manger. (*amener*)
6. Il .... une pomme. (*peler*)
7. Je vous .... un secret. (*révéler*)
8. Je vous .... tout. (*acheter*)
9. Ils .... Dieu. (*vénérer*)
10. Cela .... l'air. (*régénérer*)

15 CONJUGAISONS

- *Classez les verbes proposés dans le tableau suivant. Si vous rencontrez ultérieurement des verbes en ER qui appartiennent à l'une de ces 2 catégories, ajoutez-les à la liste.*

Verbes en E + consonne + ER	Verbes en É + consonne + ER
....	....
....	....
....	....
....	....
....	....

Exercice n° 129 — VERBES EN « OIR »/« OIRE »/« AIRE »/« UIR » (PRÉSENT)

Les verbes en OIR, OIRE, AIRE, et UIR sont réguliers au présent. À l'écrit, ils ressemblent beaucoup aux verbes en YER : présence d'un Y avec *nous* et *vous* (vo**y**ons, vo**y**ez) et d'un I avec *je, tu, il* et *ils* (je vo**i**s, tu vo**i**s, il vo**i**t, ils vo**i**ent).

- *Classez les verbes utilisés dans les exemples suivants dans la colonne adéquate et complétez ainsi la liste des 19 verbes en OIR, OIRE, AIRE, et UIR qui se conjuguent avec Y (prononcé [j]) avec **nous** et **vous** :*

1. Je vous extrais cette dent ?
2. Si vous vous enfuyez, je vous rattraperai.
3. La météo prévoit du mauvais temps.
4. Il s'assoit.
5. C'est l'heure de traire les vaches.
6. Je vous revois demain.
7. Je vous soustrais à vos invités.

VOIR	DISTRAIRE	CROIRE	FUIR
je voi s	distrai s	croi s	fui s
tu voi s	distrai s	croi s	fui s
il voi t	distrai t	croi t	fui t
nous vo**y** ons	distra**y** ons	cro**y** ons	fu**y** ons
vous vo**y** ez	distra**y** ez	cro**y** ez	fu**y** ez
ils voi ent	distrai ent	croi ent	fui ent
choir pourvoir	abstraire	....	....
déchoir dépourvoir	....	....	....
échoir entrevoir	....		
surseoir			

Exercice n° 130 — **VERBES DU TYPE DORMIR (PRÉSENT)**

Pour 35 verbes du vocabulaire français, la conjugaison du présent s'effectue de la façon suivante :

> **EXEMPLE** : *dormir*
>
> *je* + infinitif – 3 lettres + **s** .... je dor s
> *tu* + infinitif – 3 lettres + **s** .... tu dor s
> *il* + infinitif – 3 lettres + **t** .... il dor t
>
> *nous* + infinitif – 2 lettres + **ons** .... nous dorm ons
> *vous* + infinitif – 2 lettres + **ez** .... vous dorm ez
> *ils* + infinitif – 2 lettres + **ent** .... ils dorm ent

● *Parmi les verbes utilisés dans les phrases suivantes, choisissez ceux qui se conjuguent sur le modèle de **dormir**, et complétez les tableaux de conjugaisons en inscrivant les deux radicaux qui conviennent :*

1. Il ment.
2. Ils partent demain.
3. Il revient demain.
4. Vous admettez votre erreur ?
5. Nous vous suivons.
6. Il court vite.
7. Je vis ici depuis plus de 10 ans.
8. Il ne rit jamais.
9. Il poursuit ses recherches.
10. Je ne sens plus rien.
11. Vous sortez ce soir ?
12. Il se bat contre la terre entière.
13. Tu perds ton temps !
14. Je démens formellement cette information.
15. Ils se repentent de m'avoir invité.
16. Vous me promettez d'être à l'heure ?

MENTIR : **men** (s, s, t) / **ment** (ons, ez, ent)

15 CONJUGAISONS

Exercice n° 131 — VERBES DU TYPE FINIR/CONNAÎTRE (PRÉSENT)

Il existe une troisième catégorie de verbes dont la conjugaison se caractérise au présent par l'ajout au radical (obtenu à partir de l'infinitif) d'un son (s, ss, v, l, lv), avec *nous*, *vous* et *ils*.

La grande majorité des verbes de cette troisième catégorie est du type finir/fini**ss**ons, fini**ss**ez, fini**ss**ent (plus de 250 verbes).

À ces 250 verbes, nous ajouterons environ 80 verbes dont la conjugaison au présent obéit au même principe (ajout d'une ou 2 lettres au radical avec *nous*, *vous*, *ils*).

● *Complétez les phrases suivantes en choisissant la transformation qui convient avec* **nous, vous** *ou* **ils** :

1. Nous le connai ...... ons très bien.
   s – ss – v

2. Nous transcri ...... ons ce texte.
   s – ss – v

3. Ils me maudi ...... ent depuis ce jour.
   ss – s

4. Ils élargi ...... ent la route.
   s – ss – v

5. Ils me déplai ...... ent profondément.
   v – s

6. Vous condui ...... ez trop vite.
   s – ss – v

7. Vous nous prédi ...... ez la catastrophe.
   ss – s – l

8. Ils mou ...... ent le café très finement.
   v – l – d

9. Je ne sais pas coudre. Recou ...... ez-moi cette chemise.
   l – d – s

10. Vous ne crai ...... ez rien.
    n – gn – nd

11. Ils repei ...... ent la salle à manger.
    nd – gn – n

12. Nous vous rejoi ...... ons dans un instant.
    n – gn

13. Me convaincre ? Vous ne me convain ...... ez pas.
    c – qu – ç

14. Vous me sédui ...... ez beaucoup.
    s – ss – l

15. Saisi ...... ons l'occasion !
    s – ss – gn

16. Nous vous fai ...... ons confiance.
    ss – s

Attention aux verbes *faire* et *dire* !

   nous di s ons   nous fai s ons
   vous **dites**   vous **faites**
   ils di s ent   ils **font**

Les verbes dérivés de *dire* (*interdire*, *contredire*, etc...) fonctionnent, eux, tout à fait normalement par rapport à cette catégorie :

   nous interdi s ons   nous contredi s ons
   vous interdi s ez   vous contredi s ez
   ils interdi s ent   ils contredi s ent

Exercice n° 132 — VERBES IRRÉGULIERS (PRÉSENT)

Il existe un quatrième groupe de verbes. Pour conjuguer les verbes de ce groupe, il faut connaître une forme qui n'est pas directement formée à partir de l'infinitif :

EXEMPLE : *vouloir*
Pour conjuguer *vouloir* au présent, il faut connaître *veu* qui permet de former la conjugaison de ce verbe avec *je, tu, il*.
  je   veu   x
  tu   veu   x
  il   veu   t
Ensuite vous devez utiliser une partie de l'infinitif (*voul-*) pour conjuguer vouloir avec *nous* et *vous*.
  nous voul ons
  vous voul ez

Il existe un petit "truc" amusant pour conjuguer la plupart des verbes de cette quatrième catégorie avec *ils* : il suffit d'ajouter au radical utilisé pour former *je, tu, il* la dernière lettre du radical utilisé avec *nous* et *vous*.

Dans le cas du verbe **vouloir** cela donne :

Radical utilisé avec *je, tu, il*	+	Dernière lettre du radical utilisé avec *nous* et *vous*	+	Terminaison
(veu)		vou (l)		ent
ils VEU	+	L	+	ENT
Résultat : ils veulent				

● *Appliquons maintenant cette règle à quelques verbes de la quatrième catégorie :*

Verbe	Radical avec *je, tu, il*	Radical avec *nous, vous*	ils
pouvoir	**PEU**	pou**V**	**PEUV**ent
apercevoir	aperçoi	apercev	....
recevoir	reçoi	recev	....
venir	vien	ven	....
tenir	tien	ten	....
parvenir	parvien	parven	....
appartenir	appartien	apparten	....
devoir	doi	dev	....
mouvoir	meu	mouv	....
obtenir	obtien	obten	....

15 CONJUGAISONS

Exercice n°133 — SAVOIR – VALOIR (PRÉSENT)

Certains verbes de cette quatrième catégorie n'utilisent qu'une seule forme, dérivée de l'infinitif, pour former le présent avec *nous, vous, ils* (contrairement aux verbes du type *venir, apercevoir*, etc. étudiés dans l'exercice n° 132 qui utilisent une forme originale avec *ils*).

EXEMPLE : *savoir*

je sai s
tu sai s
il sai t

SAI = radical nouveau

nous sav ons
vous sav ez
ils sav ent

SAV = radical issu de l'infinitif (SAV oir)

Pour les verbes cités dans l'exercice n° 132, il fallait combiner le radical utilisé avec *je, tu, il* avec la dernière lettre du radical utilisé avec *nous* et *vous*
je VIEN s → VIEN N ← veN

- *Soulignez les verbes qui ont la même formation que* **savoir** *(Attention ! Certains verbes cités ne se conjuguent pas de cette façon) :*

    1. Cela ne vaut rien !
    2. Je m'assieds sur tes genoux.
    3. Ils valent combien ?
    4. Qu'est-ce que vous prenez ?
    5. Ils prennent l'avion.
    6. Son avis prévaut.
    7. Cela équivaut à une victoire.
    8. Ils boivent trop.
    9. Asseyez-vous !
    10. Ils ne s'asseyent pas.

On constate que 4 verbes seulement se conjuguent sur le modèle de *savoir*.

Quant au verbe **boire**, il fonctionne exactement à l'inverse des verbes du type *tenir, apercevoir, vouloir* :

---

je bois
tu bois
il boit

BOI = radical issu de l'infinitif (BOI re)

nous buv ons
vous buv ez

BUV = radical nouveau

ils boiv ent

BOIV = radical issu de l'infinitif + V

Le verbe *prendre* et ses dérivés (*apprendre, comprendre, surprendre*, etc...) utilisent un radical dérivé de l'infinitif (PREND re) avec *je, tu, il*, un deuxième radical avec *nous* et *vous* (PREN) différent de celui utilisé avec *ils* (PRENN).

Exercice n° 134 — IMPARFAIT

Nous avons consacré un grand nombre d'exercices à l'étude du présent des verbes. Le présent est en effet le temps le plus complexe du système temporel français.
En dehors d'un nombre très limité d'exceptions, toutes les formes des verbes français (imparfait, subjonctif, futur, conditionnel) utilisent un radical qui existe en partie au présent (ou à l'infinitif, dans le cas du futur et du conditionnel).

Si vous connaissez bien les formes du présent, il vous sera facile de former à partir de certaines de celles-ci, imparfait et subjonctif.

FORMATION DE L'IMPARFAIT
- *Repérez dans chaque colonne (je, tu, il, nous, vous, ils) les formes du présent qui utilisent le même radical qu'à l'imparfait. Pour vous aider nous l'avons fait dans la sixième colonne (ils).*

VERBES	je	tu	il	nous	vous	ils	IMPARFAIT
parler	parl e	parl es	parl e	parl ons	parl ez	**parl** ent	parl ais
sortir	sor s	sor s	sor t	sort ons	sort ez	**sort** ent	sort ais
boire	boi s	boi s	boi t	buv ons	buv ez	boiv ent	buv ais
finir	fini s	fini s	fini t	finiss ons	finiss ez	**finiss** ent	finiss ais
écrire	écri s	écri s	écri t	écriv ons	écriv ez	**écriv** ent	écriv ais
résoudre	résou s	résou s	résou t	résolv ons	résolv ez	**résolv** ent	résolv ais
prendre	prend s	prend s	prend	pren ons	pren ez	prenn ent	pren ais
faire	fai s	fai s	fai t	fais ons	faites	font	fais ais
dire	di s	di s	di t	dis ons	dites	**dis** ent	dis ais
recevoir	reçoi s	reçoi s	reçoi t	recev ons	recev ez	reçoiv ent	recev ais
TOTAL	.../10	.../10	.../10	.../10	.../10	6/10	.../10

Combien de verbes utilisent le même radical :
- au présent avec *je* et à l'imparfait ? .../10
- au présent avec *tu* et à l'imparfait ? .../10
- au présent avec *il* et à l'imparfait ? .../10
- au présent avec *nous* et à l'imparfait ? .../10
- au présent avec *vous* et à l'imparfait ? .../10
- au présent avec *ils* et à l'imparfait ? 6/10

Si vous n'avez pas commis d'erreur, la réponse où vous obtenez 10 / 10 vous donne la règle de formation de l'imparfait. Cette règle fonctionne pour la totalité des verbes français.

La réponse où vous obtenez 8 / 10 vous montre qu'à l'exception de 2 verbes (*dire* et *faire*), c'est le radical utilisé avec **nous** ou **vous** qui sert à former l'imparfait des verbes.

15 CONJUGAISONS

Exercice n° 135 — FORMATION DU SUBJONCTIF

● *Repérez dans chaque colonne (je, tu, il, nous, vous, ils) les formes du présent qui utilisent le même radical que pour le subjonctif (avec **je, tu, il, ils**). Pour vous aider, nous l'avons fait dans la cinquième colonne (nous).*

VERBES	je		tu		il		nous		vous		ils		SUBJONCTIF Que je...	
parler	parl	e	parl	es	parl	e	**parl**	ons	parl	ez	parl	ent	parl	e
sortir	sor	s	sor	s	sor	t	**sort**	ons	sort	ez	sort	ent	sort	e
boire	boi	s	boi	s	boi	t	buv	ons	buv	ez	boiv	ent	boiv	e
finir	fini	s	fini	s	fini	t	**finiss**	ons	finiss	ez	finiss	ent	finiss	e
écrire	écri	s	écri	s	écri	t	**écriv**	ons	écriv	ez	écriv	ent	écriv	e
résoudre	résou	s	résou	s	résou	t	**résolv**	ons	résolv	ons	résolv	ent	résolv	e
prendre	prend	s	prend	s	prend		pren	ons	pren	ez	prenn	ent	prenn	e
suivre	sui	s	sui	s	sui	t	**suiv**	ons	suiv	ez	suiv	ent	suiv	e
dire	di	s	di	s	di	t	**dis**	ons	dites		dis	ent	dis	e
recevoir	reçoi	s	reçoi	s	reçoi	t	recev	ons	recev	ez	reçoiv	ent	reçoiv	e
TOTAL	.../10		.../10		.../10		7/10		.../10		.../10		.../10	

Combien de verbes utilisent le même radical :
- ● au présent avec *je* et au subjonctif avec *je, tu, il, ils* ? .../10
- ● au présent avec *tu* et au subjonctif avec *je, tu, il, ils* ? .../10
- ● au présent avec *il* et au subjonctif avec *je, tu, il, ils* ? .../10
- ● au présent avec *nous* et au subjonctif avec *je, tu, il, ils* ? 7/10
- ● au présent avec *vous* et au subjonctif avec *je, tu, il, ils* ? .../10
- ● au présent avec *ils* et au subjonctif avec *je, tu, il, ils* ? .../10

Si vous n'avez pas commis d'erreur, la réponse où vous obtenez 10 / 10 vous donne la règle de formation du subjonctif avec *je, tu, il, ils*. Cette règle fonctionne pour la presque totalité des verbes français.
L'exercice suivant vous permet de dresser la liste de tous les verbes qui n'obéissent pas à cette règle.

● *Repérez dans chaque colonne (je, tu, il, nous, vous, ils) les formes du présent qui utilisent le même radical que pour le subjonctif (avec **nous** et **vous**). Pour vous aider, nous l'avons fait dans la septième colonne (ils).*

VERBES	*je*	*tu*	*il*	*nous*	*vous*	*ils*	SUBJONCTIF Que nous...
parler	parl e	parl es	parl e	parl ons	parl ez	**parl** ent	parl ions
sortir	sor s	sor s	sor t	sort ons	sort ez	**sort** ent	sort ions
boire	boi s	boi s	boi t	buv ons	buv ez	boiv ent	buv ions
finir	fini s	fini s	fini t	finiss ons	finiss ez	**finiss** ent	finiss ions
écrire	écri s	écri s	écri t	écriv ons	écriv ez	**écriv** ent	écriv ions
résoudre	résou s	résou s	résou t	résolv ons	résolv ez	**résolv** ent	résolv ions
prendre	prend s	prend s	prend	pren ons	pren ez	prenn ent	pren ions
suivre	sui s	sui s	sui t	suiv ons	suiv ez	**suiv** ent	suiv ions
dire	di s	di s	di t	dis ons	dites	**dis** ent	dis ions
recevoir	reçoi s	reçoi s	reçoi t	recev ons	recev ez	reçoiv ent	recev ions
TOTAL	.../10	.../10	.../10	.../10	.../10	7/10	.../10

Combien de verbes utilisent le même radical :
- au présent avec *je* et au subjonctif avec *nous* ou *vous* ? ... /10
- au présent avec *tu* et au subjonctif avec *nous* ou *vous* ? ... / 10
- au présent avec *il* et au subjonctif avec *nous* ou *vous* ? ... / 10
- au présent avec *nous* et au subjonctif avec *nous* ou *vous* ? ... / 10
- au présent avec *vous* et au subjonctif avec *nous* ou *vous* ? ... / 10
- au présent avec *ils* et au subjonctif avec *nous* ou *vous* ? 7 / 10

Si vous n'avez pas commis d'erreur, la réponse où vous obtenez 10 / 10 vous donne la règle de formation du subjonctif avec *nous* ou *vous*. Cette règle fonctionne pour la presque totalité des verbes français.

CONJUGAISONS

Exercice n° 136 — SUBJONCTIF

Étude des verbes dont le radical est irrégulier au subjonctif (radical différent de celui utilisé au présent avec *ils*).

Nous vous proposons deux séries de phrases. La première comporte des verbes au subjonctif. Certains d'entre eux ont une formation régulière et utilisent le radical qui sert à former le présent avec *ils* ; les autres utilisent un radical différent, spécifique du subjonctif. La deuxième série de phrases vous propose les mêmes verbes au présent, conjugués avec *ils* ou *elles*.

- C'est en comparant chaque verbe de la première liste avec son homologue au présent de la deuxième colonne que vous obtiendrez la liste des verbes irréguliers au subjonctif :

Il faut que vous sachiez tout.	Ils sont très mécontents.
Que voulez-vous que je fasse ?	Qu'est-ce qu'ils veulent ?
Il faut absolument qu'il soit là.	Ils ont de la chance.
Il ne faut pas qu'il puisse m'entendre.	Ils ne valent pas cher.
Il est possible qu'il veuille me voir.	Mais qu'est-ce qu'ils font ?
Il est possible qu'il vienne.	Est-ce qu'elles savent nager ?
Il faudrait qu'il me reçoive le plus rapidement possible.	Est-ce qu'elles viennent ?
Je ne pense pas qu'il ait de voiture.	Ils vont partir.
Il faut que tu ailles le voir.	Ils peuvent venir.
Je ne pense pas que ça vaille la peine.	Ils reçoivent beaucoup de courrier.

Liste des verbes utilisant au subjonctif un radical irrégulier :
1. ....
2. ....
3. ....
4. ....
5. ....
6. ....
7. ....
8. ....

I N D E X

EXERCICES		THÈME	GRAMMAIRE UTILE
Nos	Pages		Pages
1	6	Signification des pronoms personnels	10 – 11 –12
2	7	Il / elle – ils / elles	10 – 11
3 – 4	8	Pronoms personnels	10 – 11 – 12
5 à 8	9 à 11	Le, la, les /leur / en, y	49 – 115 – 151 – 153
9	12	Masculin / Féminin	18
10 à 13	12 à 14	Masculin / Féminin	16 – 20 – 21 – 22
14 – 15	14 – 15	Masculin / Féminin	23 – 24
16 – 17	15 – 16	Masculin / Féminin	25 à 32
18 – 19	17	Pluriel des mots en « al » et « ail »	38
20 – 21	18 – 19	Possessifs	93
22 à 24	20 – 21	Le, la, les / un, une / des, du, de la	92 – 93 – 235
25	21	De / à	111 – 112
26	22	Apostrophe	39 à 41
27	23	Être / Avoir	13 – 38 – 39
28	23	Appeler / S'appeler	262
29	26	Se présenter	Chapitre 2
30 – 31	27	Non / Si / Oui	56
32	28	Négation	56
33	28	Poser une question	51 à 53
34 à 36	29 à 31	Tu / vous	44 à 47
37	32	Salutations	46 – 47
38	34	Définir quelqu'un	79 à 81
39 – 40	35 – 36	Qui (relatif)	79 à 81
41 à 44	37 – 38	Qui, que, dont, où (relatifs)	79 à 81 – 100 – 101
45 à 48	40 à 43	Parler de quelqu'un / quelque chose	Chapitres 3 – 4 — 5
49 – 50	44 – 45	Parler d'un lieu	Chapitres 4 – 16
51 à 56	48 à 50	Place et sens des adjectifs	87 à 89
57 – 58	52 – 53	Itinéraire	108 – 109 – Chapitre 16
59 – 60	54	Demander poliment	104 à 106
61	56	Goûts, Opinion	114 – 115
62 à 64	57 – 58	Goûts, Opinion	82
65 – 66	59 – 60	Argumenter	124 à 127
67	62	Proposer	135
68	63	Accepter / Refuser	Chapitre 8
69	63	Refuser	Chapitre 8

70 à 75	64 à 68	Dire de faire	Chapitre 9
76 à 80	70 à 73	Rapporter un discours	Chapitre 12
81	74	Concordance des temps	176
82	76	Parce que	188 à 190
83	76	Alors / parce que	188 à 190
84	77	Alors / comme / puisque / parce que	188 à 190
85 – 86	78 – 79	Hypothèse	196 – 202 – 203
87	80	Hypothèse	Chapitre 13
88 – 89	82	Fréquence	68 – 69
90	83	Précision	219 à 221
91 à 93	83 – 84	Depuis / ça fait... / il y a...	72 – 73 – 213 à 219
94	85	Présent / Passé / Futur	Chapitre 14
95	85	Passé composé : être ou avoir	274
96	86	Imparfait / Passé composé	222 à 228
97 – 98	87 – 88	Raconter au passé	Chapitres 11 – 14
99 – 100	88 – 89	Jusqu'à / jusqu'à ce que / tant que	161 – 162 – 192
101	89	Chronologie	Chapitre 14
102	90	Parler de l'avenir	Chapitre 14
103	92	Dire combien	Chapitre 15
104	92	Exprimer une quantité	Chapitre 15
105	93	Nombres et expressions imagées	Chapitres 15 – 240
106	94	Comparatifs	116 – 243 à 245
107 à 109	96 à 98	Au / en + noms de pays	63 à 66
110 – 111	99 – 100	Dire où	63 à 66
112 à 114	102 à 104	Registre familier	135
115 à 119	104 à 110	Expressions imagées	245 à 247
120	112	Participe présent	171 – 291
121 – 122	113 – 114	Terminaisons du présent	258 – 259
123	114	Verbes en IR (Présent)	261
124	115	Verbes en ER (Présent)	261 à 263
125	116	Verbes en ELER et ETER (Présent)	262 – 263
126	116	Verbes en CER et GER (Présent)	262
127	117	Verbes en YER (Présent)	262
128	117	Verbes en ER avec -É ou -È (présent)	263
129	118	Verbes en OIR / OIRE / AIRE / UIR (Présent)	263 – 264
130	119	Verbes du type *dormir* (Présent)	265
131	120	Verbes du type *finir* / *connaître* (Présent)	266
132	121	Verbes irréguliers (Présent)	270 à 272
133	122	*Savoir* / *Valoir* (Présent)	270 à 272
134	123	Imparfait	281 – 282
135 – 136	124 à 126	Subjonctif	286 – 287

Achevé d'imprimer le 26 juin 1995 dans les ateliers de Normandie Roto Impression s.a., à Lonrai (Orne)
N° d'imprimeur : I5-1173   Dépôt légal : juin 1995

CORRIGÉS

1 BOÎTE À OUTILS   p. 5

Exercice n° 1
1. *tu* signifie *on* et un petit peu *je* : la personne qui parle raconte quelque chose qu'elle connaît et qui peut être généralisé.
2. *on* signifie *je* et un peu *on* : ce que le locuteur pense peut être généralisé.
3. *vous* s'adresse à une personne (formule de politesse) : *vous* fonctionne avec « Suzanne », prénom féminin.
4. *il* signifie *je* : c'est Pierre qui parle et il marque sa colère.
5. *tu* s'adresse à un véhicule à moteur : « bagnole » est un terme familier pour « voiture » ; « sale bagnole » marque la colère de la personne qui parle.
6. *on* signifie *nous* : il reprend « ma femme et moi » = *nous*.
7. *on* signifie *nous* si la personne qui parle se situe dans le pays. *On* signifie *ils* si la personne qui parle se situe à l'extérieur du pays.

Exercice n° 2
1. *elle* = *ma voiture*, à cause du mot « moteur ».
2. *ils* = *mes voisins*, mot masculin pluriel.
3. *il* = *mon chien*. C'est la seule possibilité pour le sens.
4. *elle* = *ma soupe*, mot féminin. On ne peut pas utiliser l'adjectif « salée » pour une personne.
5. *les* = *tes lunettes*, mot féminin pluriel. On ne peut pas utiliser « cassées » pour des personnes.
6. *la* = *la tarte*, à cause du mot « four ». La tarte est un gâteau que l'on fait cuire dans le four.
7. *il* = *mon frère*, mot masculin. En France, les enfants vont à l'école primaire de 6 à 11 ans.
8. *il* = *Laurent Fignon*, coureur cycliste. Le Tour de France est une course cycliste qui a lieu chaque année au mois de juillet.

Exercice n° 3
1. tu – 2. ils – 3. je – 4. tu – 5. il – 6. il / il
La phrase n° 6 est un vers de Verlaine.

Exercice n° 4
1. *je* est impossible : je vais.
2. *je* est impossible : j'habite.
3. *il* est impossible : il comprend.
4. *elle* est impossible : elle est française.
5. *nous* est impossible : nous sommes.
6. *je* est impossible : j'apprends.
7. *elle* est impossible : elle me connaît.
8. *tu* est impossible : tu aimes.
9. *tu* est impossible : tu vas.
10. *on* est impossible : on revient.

Exercice n° 5
1. *en* = *de cette histoire*.
2. *y* = *à Istanbul*. Pour la structure, « en Grèce » est possible, mais impossible pour le sens.
3. *les* = *ces pommes*. L'adjectif « délicieuses » (féminin pluriel) peut se dire pour les oranges ou les pommes, mais *les* ne peut reprendre *des*.
4. *en* = *du poisson*. *En* reprend *du*, mais « du lycée » est impossible pour le sens (on peut dire : « venir du lycée »).
5. *en* = *de son accident*. *En* reprend le groupe nominal précédé de *de*.

6. *en* = *de ce gâteau*. *En* reprend : *du, de la, de l', des*.
7. *les* = *ces mandarines*. « Gâteaux » (masculin pluriel) est impossible avec « bonnes » (féminin pluriel).
8. *y* = *en Hollande*.
Aller + à + nom de ville / aller + en + nom de pays → **y** aller (y retourner)
Venir + de + nom de ville / nom de pays → **en** venir (en revenir).

Exercice n° 6
1. *la* = *l'Espagnole*. *La* renvoie à un mot féminin précédé de *la* ou *l'*. « Iran » n'est pas féminin.
2. *en* = *de l'avocat*. *En* renvoie à *du, de la, de l', des*.
3. *en* = *d'Alger*. Voir l'exercice précédent : *venir de*.
4. *y* = *à mon pays*.
Penser à quelqu'un → penser **à lui**, **à elle**, **à eux**, **à elles**.
Penser à quelque chose → **y** penser.
Penser à + verbe → **y** penser.
5. *le* = *ton père*. *Le* renvoie à un nom masculin singulier.
6. *y* = *à Marseille*. *Y* renvoie à un nom de lieu où l'on est, où l'on va.
7. *en* = *sucres*. Le seul équivalent est « je veux deux sucres ».
8. *en* = *du bonheur*. Rêver de quelque chose / rêver de + verbe → **en** rêver.

Exercice n° 7
1. **la** : il est impossible de construire « connaître » avec *à* ou *de*, donc *en* et *y* ne peuvent fonctionner.
Connaître quelqu'un ou quelque chose :
Vous connaissez Pierre ? → Je le connais.
Vous connaissez Anne ? → Je la connais.
Vous connaissez les dernières chansons de Georges Brassens ? → Je les connais.
Vous connaissez une bonne école dans cette ville ? → J'en connais une.
Vous connaissez des étudiants italiens ? → J'en connais.
2. **leur** : *elle* est impossible ; il faudrait utiliser *lui* : dire quelque chose à quelqu'un.
Lui dire quelque chose : singulier (= à lui / à elle) ;
Leur dire quelque chose : pluriel (= à eux).
3. **y**. Par exemple : ils ne comprennent rien à *cette histoire* = ils n'*y* comprennent rien.
4. **en**. Par exemple : ils ne prennent jamais *de fraises* = ils n'*en* prennent jamais.
5. **la**. « Voir » a ici le sens de rencontrer quelqu'un :
Je vois souvent Pierre = je *le* vois souvent.
Je vois souvent Marie = je *la* vois souvent.
Je vois souvent Joséphine et Charles = je *les* vois souvent.
6. **en** : se souvenir *de* quelque chose.
Je me souviens de Jules = je me souviens *de lui*.
Je me souviens de Julie = je me souviens *d'elle*.
Je me souviens des amis de Jacques = je me souviens *d'eux*.
Je me souviens de cette journée, de ces jours tranquilles = je m'*en* souviens.

Exercice n° 8
1. Non, j'**en** viens. « J'y viens » est impossible = *y* fonctionne avec « être », « aller », « habiter »… *En* fonctionne avec « venir », « revenir ».
2. Je n'**y** suis jamais allé. « Aller aux Îles Marquises » suppose que la personne les connaît.
3. Je n'**en** pense rien de bon. Il est impossible de remplacer *de lui* par *y* puisqu'il s'agit de la construction *penser + de*.
4. Non, je n'**en** veux pas. *Le* peut remplacer « *le* gâteau » ou « *ce* gâteau ». « Je ne t'en veux pas » signifie « je ne suis pas fâché » (en vouloir à quelqu'un = avoir de la rancune contre quelqu'un).
5. Non, je prendrai un taxi. Il est impossible de remplacer « l'autobus » par *en*.
6. Non, je ne **la** prends pas. Il est impossible de remplacer « ta valise » par *en*.
7. Oui, j'**y** vais tous les jours. Il est impossible de remplacer *dans ce restaurant* par *le* ou *en*.

Exercice n° 9
1. **le** : *il* est masculin.
2. **?** : *l'*. On ne peut savoir dans cette phrase si *l'* renvoie à un nom masculin ou féminin.
3. **la** : *cette* est féminin.
4. **la** : *la* est féminin.
5. **la** : renvoie à *ta cousine*.
6. **le** : *le petit blond* est masculin.
7. **la** : renvoie à *ma sœur*.
8. **?** : *lui* peut remplacer un nom masculin ou un nom féminin.
9. **le** : renvoie à *le secrétaire*.
10. **la** : *elle* est féminin.

Exercice n° 10
1. NSP : *Dominique* peut être un prénom féminin ou masculin comme Claude. D'autres prénoms se prononcent de la même manière

mais portent la marque du féminin à l'écrit : Michel / F : Michèle ou Michelle ; Pascal / F : Pascale ; Marcel / F : Marcelle ; Frédéric / F : Frédérique.
2. NSP : *sympathique* peut être féminin ou masculin, comme célibataire, facile, tranquille…
3. H : *Alain* est un prénom masculin.
4. F : c'est une femme qui parle de *son mari*.
5. H : c'est un homme qui parle de *sa femme*.
6. F : parce que *née* porte la marque du féminin.
7. NSP : *célibataire* peut être féminin ou masculin (cf. phrase 2).
8. NSP : chacun ses goûts !
9. H : *marié* est au masculin.

Exercice n° 11
1. une femme : *passionnée* porte la marque du féminin.
2. on ne sait pas : il n'y a aucune marque du féminin : *médecin généraliste* peut s'utiliser pour une femme ou pour un homme ; seule indication : une femme écrirait-elle dans une annonce qu'elle est chauve ?
3. un homme : *débutant* est au masculin.
4. une femme : *amoureuse* porte la marque du féminin.
5. on ne sait pas : aucune marque du genre sur *jeune, sympathique, psychiatre*.

Exercice n° 12
1. un homme : au féminin, il y aurait *je suis allée*.
2. une femme : *folle* est au féminin (masculin : fou).
3. une femme : à cause du sens de « attendre un enfant » = « être enceinte ».
4. une femme : *sûre* est au féminin et à cause du sens.
5. on ne sait pas : aucune marque du genre sur *secrétaire* et *célibataire*.
6. une femme : *footballeuse* est au féminin.

Exercice n° 13
1. joli**e** : -e marque le féminin.
2. célibataire : peut être masculin ou féminin ; *veuf* = *veuve* au féminin.
3. né**e** = -e marque le féminin ; on fait l'accord avec le sujet lorsque le passé composé se forme avec le verbe « être ».
4. mon mari : mari est masculin.
5. sport**ive** : féminin.
6. riche : peut être féminin ou masculin ; *cuisinier* = *cuisinière* au féminin.

Exercice n° 14
1. séductrice – 2. agricultrice – 3. voleuse – 4. conductrice – 5. nageuse – 6. éducatrice

Exercice n° 15
● **heureux / heureuse** : sérieux / sérieuse, honteux / honteuse, malheureux / malheureuse, curieux / curieuse, paresseux / paresseuse.
● **serveur / serveuse, menteur / menteuse** : voleur / voleuse, rageur / rageuse, railleur / railleuse.

Exercice n° 16
1. dernier : se prononce différemment au masculin et au féminin : *dernière*. Pour les autres – clair / claire, joli / jolie, amer / amère, fier / fière – l'orthographe est différente, mais la prononciation reste la même.
2. vieux : change au féminin : *vieille*. Pour les autres : prodigieux / prodigieuse, joyeux / joyeuse, courageux / courageuse, sérieux / sérieuse.
3. aérien : au féminin *aérienne* ; pour les autres, on ajoute seulement un -e.

Exercice n° 17
1. méchant : il n'y a pas de verbe qui correspond à « méchant ». Pour les autres : intéresser, se méfier, amuser, résister.
2. désolant : correspond à un verbe : « se désoler » ; tous les autres correspondent à un nom : élégance, constance, distance, extravagance.
3. content : ne correspond pas à un nom. Pour les autres : absence, excellence, présence.

Exercice n° 18
1. idéals (ou idéaux) – 2. fatals – 3. glacials (ou glaciaux) – 4. navals – 5. normaux

Exercice n° 19
1. cristaux – 2. animaux – 3. bals – 4. vitraux – 5. journaux

Exercice n° 20
1. mes cousins – 2. mes grands-parents – 3. son beau-frère – 4. ma belle-mère – 5. ma voisine – 6. mes enfants – 7. mes neveux – 8. son mari – 9. ma belle-fille (ou ma bru) – 10. ma belle-sœur

Exercice n° 21
1. ma femme (attention : *mon* amie) – 2. ma sœur (« ma mère » est impossible à cause du sens : « plus jeune ») – 3. ma voiture (attention : *prendre* un parapluie) – 5. mon hôtel – 6. mes lunettes – 7. mon temps – 8. mon village (dans mon pays, il y a beaucoup d'épiceries et de cafés) – 9. ma banque – 10. son anniversaire (« majorité » est féminin)

Exercice n° 22
1. une – 2. la – 3. le – 4. le – 5. la – 6. un – 7. le – 8. le – 9. le – 10. les – 11. un – 12. l'
Pour répondre, demandez-vous s'il est possible d'identifier la ou les personnes ou l'objet dont on parle ; dans ce cas : vous utiliserez **le, la, les**.

Exercice n° 23
1. du – 2. la – 3. de la – 4. du – 5. le / les / le – 6. de l' – 7. l' – 8. du – 9. de l' – 10. la – 11. le – 12. le

Exercice n° 24
1. des – 2. la – 3. une – 4. la – 5. le – 6. la – 7. une – 8. l' (O.M. = Olympique de Marseille) – 9. une – 10. une
Pour faire cet exercice, vous vous demanderez si le nom est déterminé par un complément (*la femme de ma vie*), par une relative (*le film que je préfère*) ; vous choisirez alors **le, la, l'**.

Exercice n° 25
1. de – 2. à – 3. à – 4. de / à – 5. de / à – 6. à – 7. à / de / à – 8. de – 9. à / à – 10. de / de

Exercice n° 26
1. le hasard (pour les autres : l'hérédité, l'humour).
2. du hautbois (mais : de la harpe, de l'harmonica).
3. l'héroïne (mais : le héros).
4. la hache (mais : l'heure).
5. la clinique (mais : l'hôpital).
6. son honnêteté (mais : sa précision, sa hargne).
7. l'haleine fraîche (les deux autres noms sont masculins : frais).
8. la hache (mais : harpon et haltère sont masculins).
9. la hiérarchie (mais : l'honneur).
10. l'hôpital (mais : le harem, le hall).

Exercice n° 27
1. ont – 2. as – 3. as – 4. est – 5. suis – 6. avez – 7. avez – 8. est – 9. ai – 10. est – 11. a – 12. êtes – 13. avez – 14. est – 15. a – 16. a – 17. ai – 18. êtes – 19. suis – 20. est

Exercice n° 28
1. on – 2. vous – 3. elles – 4. tu m' – 5. nous – 6. il – 7. il l' – 8. je vous
Pour faire cet exercice, faites attention au sujet du verbe et aux constructions :
- **Je m'**appelle **Julie** : même personne
- **Je l'**appelle **Rose** mais son nom est Roselyne : 2 personnes.
- Appeler quelqu'un ; s'appeler ; appeler quelque chose pour quelqu'un (phrase n° 8).

2 IDENTIFICATION/PRÉSENTATION p. 25

Exercice n° 29
Pour faire cet exercice, analysez chacune des informations données dans les 3 textes avec la fiche.
Seul le Texte 3 est possible :
- « j'habite et je travaille dans une petite ville de province de l'est de la France » = lieu de résidence et lieu de travail : Besançon.
- « j'ai une petite fille de 5 ans qui est du signe des poissons » = date de naissance : 21/3/1963 – date de naissance des enfants : 16 mars 1983 ; sa petite fille a 5 ans – signe du zodiaque « poissons » : du 20 février au 20 mars.
- « je suis né le jour du printemps » = le 21 mars.
- « je suis assistant à l'université » = profession : enseignant (« assistant » désigne une catégorie d'enseignants de l'université, les autres sont maîtres de conférences et professeurs).

Exercice n° 30
1. Si – 2. Oui – 3. Oui – 4. Si – 5. Non – 6. Oui – 7. Si – 8. Si
Pour faire cet exercice, faites attention au sens de la phrase ; pour une question positive, deux possibilités : **oui / non** ; pour une question négative, deux possibilités : **si / non**.

Exercice n° 31
Tu n'as pas d'argent ? → Si, j'ai 50 francs.
Tu ne la vois pas ? → Non, elle n'est pas là.

Il n'y a pas de place ? → Si, au troisième rang.
Ce n'est pas bon ? → Si, ça va.
Tu parles anglais ? → Non, allemand.
Tu ne viens pas ? → Si, j'arrive.

Exercice n° 32
1. pas – 2. pas de – 3. rien – 4. rien – 5. rien – 6. tout

Exercice n° 33
1. Non, je n'ai pas faim. – 2. Un café. – 3. C'est un petit cadeau. – 4. Non, ça ne m'intéresse pas. – 5. Un film – 6. De l'eau.
Pour une question qui commence par « **est-ce que ... ?** », vous répondrez par « oui » ou « non » (1 / 4).
Pour une question qui commence par « **qu'est-ce que ... ?** », vous répondrez par un nom ou par une phrase (2 / 3 / 5 / 6).

Exercice n° 34
Dialogue 1 : un adulte et un enfant (l'enfant vouvoie la personne qui veut voir son père ; cette personne tutoie Pierre).
Dialogue 2 : deux jeunes gens (les deux personnes se tutoient, ce qui est peu probable pour 1 et 3).
Dialogue 3 : deux amis (les deux personnes se tutoient et emploient des mots familiers : « bof », « t'as », « le fric »).
Dialogue 4 : un jeune homme et une jeune fille (deux étudiants à l'université, *philo* = « philosophie »).

Exercice n° 35
Dialogue 1 : passage de *tu* à *vous* (*tu as / votre papa*).
Dialogue 2 : *ciao* (salutation trop familière pour cette situation ; la personne emploiera plutôt « au revoir »).
Dialogue 3 : *vous allez Papa* (il est rare qu'un enfant vouvoie son père ; s'il le fait, il emploiera plutôt « père »).
Dialogue 4 : *salut* (salutation trop familière si l'on vouvoie quelqu'un ; la personne emploiera plutôt « bonjour »).

Exercice n° 36
1. Inconnu : c'est une personne en colère qui parle à un automobiliste.
2. Inconnu : situation administrative.
3. Inconnu : réponse à une personne qui vient de se présenter.
4. Inconnu : une personne qui veut faire connaissance avec un enfant.
5. Inconnu : manière de demander à quelqu'un de se présenter.
6. Ami : à cause du tutoiement et de la situation.
7. Inconnu : réponse de l'automobiliste à la phrase 2 par exemple.
8. Inconnu : dans une queue au cinéma ou dans un magasin, à une personne qui n'attend pas son tour.
9. Inconnu : manière de faire connaissance, dans une situation où le tutoiement est possible.
10. Inconnu : la police à une personne suspecte.

Exercice n° 37
1. c : une discothèque.
2. a : un bureau, deux collègues.
3. b : un magasin de journaux (*Le Point* est un magazine hebdomadaire).
4. f : le journal télévisé du soir (à cause des salutations et du contenu de la phrase f).
5. d : une réception formelle.
6. e : un bar proche de l'Université.

3 DONNER DES INFORMATIONS SUR QUELQU'UN   p. 33

Exercice n° 38
1. l'épicier (*magasin d'alimentation* = épicerie).
2. la boulangère (*des baguettes* et *des bâtards* sont des sortes de pain ; *religieuse* est le nom d'un gâteau).
3. au garage (*l'huile* et *les soupapes* renvoient à un moteur de voiture).
4. le plombier (*les lavabos* et *les bidets* renvoient à la plomberie de la salle de bains).
5. le boucher (*bavette* = viande de bœuf ; *pieds panés* = préparation des pieds de porc).
6. chez la coiffeuse (*permanentes* et *mises en pli* = façons de coiffer).
7. le fromager (*le camembert, le bleu d'Auvergne, le gruyère* sont des sortes de fromage).
8. le poissonnier (*des turbots* = sorte de poissons ; *des moules* = sorte de fruits de mer).

Exercice n° 39
1. Louis Pasteur est un savant français qui a découvert le vaccin contre la rage.
Alexander Fleming est un médecin anglais qui a découvert la pénicilline.

Alfred Nobel est un chimiste suédois qui a inventé la dynamite.
Ian Fleming est un écrivain anglais qui a inventé le personnage de James Bond.
2. Albert Einstein est un physicien allemand qui a obtenu le prix Nobel en 1921.
Isaac Newton est un physicien anglais qui a inventé le télescope.
Marie Curie est une physicienne française qui a isolé le radium.
Pierre Curie est un physicien français qui a obtenu le prix Nobel en 1903.
3. Neil Amstrong est un astronaute américain qui a marché sur la lune le 21/7/69.
Louis Amstrong est un musicien américain qui est l'auteur de « O when the saints ».
Georges Rémi est un dessinateur belge qui est l'auteur de « On a marché sur la lune ».
Jules Verne est un écrivain français qui est l'auteur de « De la terre à la lune ».
Pour faire cet exercice, vous ferez des phrases avec les personnages que vous connaissez ; vous utiliserez un dictionnaire pour chercher les noms que vous ne connaissez pas.

Exercice n° 40

1. Tel qui rit vendredi dimanche pleurera (= celui qui est de bonne humeur un jour peut changer le lendemain).
2. Il faut se méfier de l'eau qui dort (= il faut se méfier des gens qui ont l'air calme).
3. Qui trop embrasse mal étreint (= celui qui veut faire trop de choses risque de ne rien réussir).
4. Ce sont les cordonniers qui sont les plus mal chaussés (= s'applique aux personnes qui n'utilisent pas le produit de leur métier).
5. Qui peut le plus peut le moins (= celui qui peut faire une chose difficile peut faire une chose facile).
6. N'éveillez pas le chat qui dort (= il ne faut pas réveiller un danger).
7. Qui a bu boira (= on revient toujours à ses anciennes habitudes).
8. Qui veut la fin veut les moyens (= le résultat justifie les moyens).
9. Qui veut voyager loin ménage sa monture (= il faut aller doucement pour aller loin).
10. Qui se ressemble s'assemble (= les personnes qui ont des points communs se retrouvent).
11. Tel est pris qui croyait prendre (= celui qui pensait tromper l'autre est pris à son propre piège).
12. Qui sème le vent récolte la tempête (= celui qui provoque la violence doit en subir les conséquences).

13. Il n'y a que la vérité qui blesse (= une critique justifiée est difficile à accepter).
14. Qui aime bien châtie bien (= c'est une preuve d'amitié que de corriger quelqu'un).
Pour en savoir plus, consultez un dictionnaire des expressions.

Exercice n° 41

1. Oui : « qui » remplace « quelqu'un ».
2. Oui : pronom interrogatif.
3. Non : ne renvoie à aucun élément de la phrase.
4. Oui : renvoie à une personne dont on parle.
5. Non : renvoie à une alternative, un choix.
6. Non : adverbe interrogatif.
7. Oui : adverbe relatif.
8. Oui : reprend « la seule chose ».
9. Non : est un élément de la comparaison « moins ... que ».

Exercice n° 42

1. que : je voudrais vous présenter *cet ami*.
2. que : je trouve *cette solution* excellente.
3. qui : *quelqu'un* désire vous parler.
4. dont : tout le monde parle *de cet homme*.
5. qui : *ce monsieur* vous a téléphoné à plusieurs reprises.
6. qui : *cette voiture* va plaire au public.
7. qui : *ce film* a battu tous les records d'affluence.
8. dont : il ne faut pas sous-estimer les qualités *de cette personne*.
9. dont : personne ne se souvient *de cette histoire*.
10. que : je n'oublierai jamais *cette histoire*.

Exercice n° 43

1. que : tu as perdu *ce portefeuille*.
2. qui : *pierre* roule et n'amasse pas mousse.
3. dont : j'ignorais l'existence *de ce problème*.
4. qui : *ce portefeuille* a-t-il été perdu par vous ?
5. qui : *cette personne* peut t'aider.
6. que : je veux aider *cette personne*.
7. dont : je suis amoureux *de cette fille*.
8. que : j'aime *cette fille*.
9. qui : *cette fille* est amoureuse de Pierre.
10. dont : j'aime beaucoup la franchise *de cette personne*.

Exercice n° 44

1. qui : *ce jeune homme* vous a été présenté...

2. qui : *Pierre Chevalier* vous a présenté son projet…
3. où : je vous ai présenté mon projet *dans le restaurant* de Pierre.
4. dont : je vous ai présenté le projet *de Pierre*…
5. dont : le projet *de Pierre* a été présenté samedi.
6. qu' : il vous a présenté son projet chez Pierre. Attention : il ne s'agit pas ici d'un relatif mais simplement d'une mise en relief de « chez Pierre » par la structure **c'est … que**.
7. que : je vous présenterai son projet chez Pierre. Comme dans la phrase n° 6, *que* permet ici la mise en relief de « chez Pierre » ; il ne faut donc pas le confondre avec le pronom relatif.
8. où : Pierre vous a présenté son projet *dans ce restaurant*.
9. que : Pierre vous a présenté *ce projet*…

4 DONNER DES INFORMATIONS SUR QUELQUE CHOSE ET SUR SON ENVIRONNEMENT   p. 39

Exercice n° 45
1. une voiture (*embrayage, freins*) – 2. une bicyclette (*porte-bagages*) – 3. une jeune fille – 4. une tente de camping (*canadienne, pour le camping*) – 5. un patient dans un hôpital – 6. un ordinateur (*disque dur, moniteur*) – 7. un sportif – 8. un fou dans un asile

Exercice n° 46
1. un ballon de football – 2. une pomme – 3. une carte à jouer – 4. une cerise – 5. un œuf

Exercice n° 47
1. une cafetière – 2. du champagne – 3. des bananes – 4. un réveil-matin

Exercice n° 48
1. une machine à écrire (*caractères français, portative*) – 2. une voiture – 3. un appartement (*grand, éclairé*) – 4. un jeune cadre – 5. un ordinateur – 6. un appareil photo (*réflex, objectif*) – 7. un réfrigérateur (*bacs à glace*) – 8. un vélo de course (*vitesses, guidon*)
Vous pouvez continuer sur le même modèle que les exercices précédents : vous choisissez un objet, vous le décrivez et vous demandez aux autres de deviner de quoi il s'agit.

Exercice n° 49
1. Je me suis marié dans un petit village de 300 habitants à 20 km de Lyon.
ou :
   J'habite à Lyon, c'est une grande ville ; dimanche dernier je suis allé à un mariage dans un petit village à 20 km de Lyon.
2. Je travaille à Paris et j'habite à Auxerre ; c'est loin.
ou :
   Je voudrais trouver du travail à Auxerre, parce que j'y habite et que c'est loin de Paris.
3. Je vais passer mes vacances en Franche-Comté, à Besançon ; ce n'est pas loin de la Suisse ; Lausanne est à 80 km.
ou :
   Pendant mes vacances, à Lausanne, je suis allé en Franche-Comté, à Besançon. Ce n'est pas très loin, à 80 km à peu près.
4. Le général de Gaulle est né à Lille. Il est mort en 1970, il a été enterré à Colombey-les-deux-Églises, c'est à 30 km de Chaumont. Vous ne savez pas où est Chaumont ? Moi non plus.
Pour cet exercice, vous pouvez ajouter une information et imaginer d'autres phrases possibles ; vous pouvez changer de lieu et de personne.

Exercice n° 50
Le Cap Vert est un archipel, en Afrique occidentale, à l'est du Sénégal. On parle portugais et je crois que la capitale est Praia.
Essayez de décrire d'autres pays : le Maroc, la Finlande, l'Australie, le Yémen, l'Argentine, l'Espagne, la Corée, le Japon… Prenez un atlas et posez-vous des questions.
Les Canaries, ce sont des îles. C'est près de l'Afrique du Nord, à l'est du Maroc. C'est un archipel petit et touristique. On parle espagnol.

5 PLACE ET SENS DES AJECTIFS   p. 47

Exercice n° 51
 1. fièvre jaune (= maladie tropicale).
 2. liste rouge (= numéros de téléphone qui ne sont pas publics).
 3. or noir (= pétrole).
 4. page blanche (= lorsqu'on n'écrit rien à un examen).
 5. du sang bleu (= noble par le sang).

6. numéro vert (= numéro de téléphone gratuit, pour la publicité).
7. maillot jaune (= le maillot que porte le vainqueur de l'étape du Tour de France).
8. carte bleue (= carte bancaire).
9. fleur bleue (= personne sentimentale, un peu démodée).
10. des idées noires (= se dit de quelqu'un qui est déprimé, qui a le cafard).

Exercice n° 52
1. vin blanc – 2. tableau noir – 3. ciel bleu – 4. feu rouge – 5. yeux rouges – 6. fleur jaune – 7. peur bleue – 8. chambre noire – 9. carte blanche – 10. nuit blanche
Règle : a

Exercice n° 53
1. révolution française – 2. spécialité italienne – 3. histoires belges – 4. tango argentin – 5. montre suisse – 6. vodka russe – 7. restaurant chinois – 8. télévision française / séries américaines – 9. accent canadien – 10. cinéma italien
Règle : a

Exercice n° 54
1. table ronde – 2. visage allongé – 3. feuille rectangulaire – 4. table carrée – 5. ballon ovale – 6. ballon rond – 7. eau plate – 8. scie circulaire
Règle : a

Exercice n° 55
1. un homme brave (= courageux).
2. les mains sales (= le contraire de « propre »).
3. ces grands hommes (= personnages célèbres).
4. un bon repas (= délicieux, savoureux).
5. cette sale besogne (= quelque chose de malhonnête).
6. un brave type (= de confiance).
7. mes chers amis (= que j'aime bien) / une grande nouvelle (= importante).
8. un grand restaurant (= qui a une bonne réputation).
9. une forte grippe ou une sale grippe (= grave).
10. les alcools forts (= qui ont un degré d'alcool élevé).

Exercice n° 56
1. voix fausse – 2. linge sale – 3. faibles revenus – 4. forte fièvre – 5. fausse adresse – 6. sale brute – 7. homme fort – 8. point faible – 9. lourdes responsabilités – 10. sommeil lourd

6 DEMANDER UN RENSEIGNEMENT, UNE INFORMATION   p. 51

Exercice n° 57

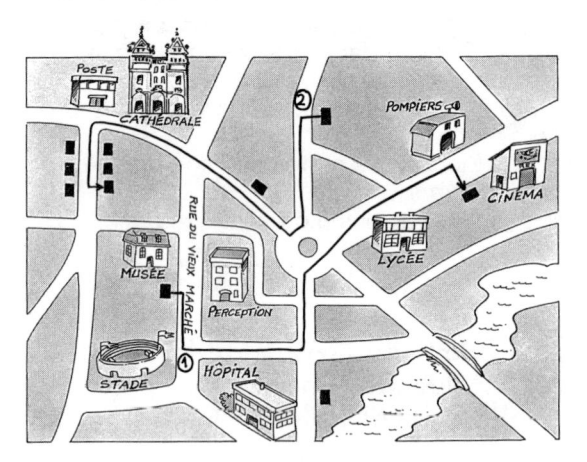

Lorsque vous avez trouvé les deux itinéraires entre la maison de Pierre et celle de Claude (1), entre la maison de Jean-Claude et Henri (2), vous pouvez créer des itinéraires sur ces deux modèles, par exemple : pour aller de la poste à l'hôpital, pour aller du stade au cinéma…

Exercice n° 58
1. b – 2. a – 3. b – 4. c

Exercice n° 59
1. Demande très polie (*veuillez ; avoir l'obligeance ;* emploi du conditionnel).
2. Demande polie (*excusez-moi*).
3. Demande polie (*s'il vous plaît*).
4. Demande familière (pas de formule de politesse ; forme de la question).
5. Demande très polie (*s'il vous plaît* ; conditionnel).

Exercice n° 60
1. Demande familière (forme de la question ; aucune formule de politesse).
2. Demande polie (interrogation avec inversion, mais aucune formule de politesse).
3. Demande très polie (*je m'excuse ; avoir l'amabilité* ; conditionnel).

4. Demande très polie (*s'il vous plaît ; vous pourriez*).
5. Demande polie (mais aucune formule de politesse).
6. Demande familière (possible avec un ami).

7 EXPRIMER SES GOÛTS, SON OPINION   p. 55

Exercice n° 61
1. Elle *déteste* les épinards (les deux autres expressions se construisent avec *de*).
2. Ils *adorent* la plage (raffoler *de*… ; s'intéresser *à*…).
3. Elle ne supporte pas le bruit (se plaindre *de* … ; elle n'aime pas quelque chose).
4. Il *adore* le jazz (raffoler *de*… ; avoir horreur *de*…).
5. Elle *est folle* de lui (aimer quelqu'un : elle l'aime ; quelqu'un plaît à quelqu'un : il lui plaît).
6. Il *a horreur* du froid (craindre/détester quelque chose ou quelqu'un).
7. Nous *haïssons* le mensonge (avoir horreur *de*… ; raffoler *de*…).

Exercice n° 62
1. c'est excellent ou délicieux ; (répugnant = repoussant, très mauvais).
2. c'était passionnant ou captivant ; (rasant = ennuyeux).
3. c'était pathétique ou bouleversant ; (rigolo (familier) = amusant).
4. c'est donné ou ça ne vaut presque rien ; (ça coûte une fortune = c'est très cher).
5. c'est immense ou énorme ; (minuscule = très petit).
6. il est très malin ou futé (qui a une certaine finesse) ;
(il est bête comme ses pieds = stupide, idiot).
7. il est dingue ou cinglé (familier).
8. elle est très élégante ou superbe (très belle) ;
(grotesque = ridicule, extravagant).
9. il est plein de talent (général pour les arts) ou il a un bon coup de crayon ;
(il dessine comme un pied = très mal).
10. il chante comme un dieu ou il a une voix enjôleuse (pleine de charme) ;
(il chante comme une casserole = très mal).

Exercice n° 63
1. positif = fabuleux.
2. positif = très beau, très bien.
3. positif = extraordinaire.
4. négatif = ça ne vaut rien.
5. négatif = je n'aime pas beaucoup.
6. négatif = la personne qui a parlé a été grossière (impolie).
7. négatif = il se moque de moi.
8. négatif = je suis contre ce projet.
9. négatif = ça ne m'enthousiasme pas/ça ne me plaît pas.

Exercice n° 64
1. négatif = il n'est pas très intelligent.
2. négatif = il est plutôt stupide.
3. positif = elle est très sympathique.
4. positif = elle connaît très bien son domaine de travail.
5. positif = il est très bien.
6. négatif = ennuyeux, désagréable.
7. négatif = je le déteste.
8. négatif = il n'a pas toute sa raison.
9. positif = elle a beaucoup de charme.

Exercice n° 65
● Il s'agit de l'appartement n° 1 : regardez sur les deux plans : l'appartement n° 1 est moins éclairé et il y a seulement une douche.
● Proposition de dialogue :
– C'est très grand.
– Oui, mais la cuisine est toute petite !
– Tu as vu la salle de bains ? Elle est immense !
– La chambre est trop petite aussi !
– Tu exagères, c'est clair, très calme et on a une belle vue !

Exercice n° 66
Cette maison correspond à l'image n° 2 : la maison n° 2 a le toit en mauvais état *(il faudra réparer le toit)*, un balcon, une petite terrasse plein Sud *(elle est en plein soleil)*, la cuisine manque un peu de lumière et il y a un jardin qui ressemble à un terrain vague.

8 DIRE OU PROPOSER À QUELQU'UN DE FAIRE QUELQUE CHOSE   p. 61

Exercice n° 67
1. d'aller se promener : *une balade* (familier) = une promenade ;
(une ba**ll**ade = une chanson douce).
2. d'aller dans un bar : prendre *un pot* (familier) = prendre un verre.

3. de faire un bon repas : *un gueuleton* (familier) = un repas.
4. de téléphoner à quelqu'un : *un coup de fil* (familier) = un coup de téléphone.
5. de s'en aller : *se tirer* (familier) = partir.

Exercice n° 68
1. accepte – 2. accepte – 3. refuse – 4. accepte – 5. ne donne pas de réponse claire – 6. accepte – 7. refuse – 8. refuse – 9. accepte – 10. accepte – 11. refuse

Exercice n° 69
1. refus avec justification : *trop de monde.*
2. refus provisoire : *on en reparle...*
3. refus catégorique : *pas question.*
4. refus poli : *c'est gentil* et provisoire : *on se téléphone.*
5. refus poli : la personne s'excuse.
6. refus catégorique : *ça va pas la tête* (familier = tu es fou).

Exercice n° 70
• Mettez 250 grammes de farine dans un récipient. Ajoutez le sucre et le lait. Mélangez l'ensemble et ajoutez 2 œufs. Versez l'ensemble dans un moule. Faites cuire 45 minutes au four.
• Faites chauffer 2 litres d'eau. Épluchez les légumes. Mettez les légumes et le lard dans l'eau bouillante. Poivrez, salez. Laissez cuire 45 minutes.

Exercice n° 71
1. situation d'urgence : *c'est brûlant.*
2. demande familière : *chéri.*
3. ordre : *les enfants, allez.*
4. conseil : *prends le métro* ; la personne s'adresse à un ami.
5. menace : *je vais me fâcher.*
6. situation d'urgence : *le train va partir.*
7. ordre : un patron à sa secrétaire.
8. menace : *j'appelle la police.*
9. demande familière : entre amis ou en famille.
10. ordre : *police.*

Exercice n° 72
Tu pourrais fermer la fenêtre ? → On se gèle ici. (= il fait très froid)
Dépêche-toi, on va être en retard ! → Tu as vu l'heure ?
Un peu de silence s'il vous plaît ! → On se croirait au marché ! (= il y a beaucoup de bruit)
Je ne supporte pas la fumée. → Ça va votre cancer ? (= fumer favorise le cancer)
Tu vas me répondre ? → Tu as perdu ta langue ? (= ne plus parler)
Tu pourrais me prêter 100 francs ? → Zut, j'ai oublié mon portefeuille !

Exercice n° 73
1. a (demande de silence complet).
2. a.
3. b (vous ne parlez pas beaucoup).
4. a (vous faites trop de bruit).
5. a (vous faites trop de bruit).
6. b (tu es muet).
7. c (il fait un peu froid).
8. b.
9. b.
10. a (il y a beaucoup de bruit).

Exercice n° 74
1. a.
2. c (= il fait très chaud).
3. a.
4. b (*dodo* = dormir, pour les enfants).
5. a (*la grasse matinée* = dormir tard le matin).
6. a.
7. b.
8. b (= tu dois aller te coucher).
9. a.
10. c (= la situation est difficile).

Exercice n° 75
1. a (*boulot*, familier = travail).
2. a (*fainéants*, familier = paresseux).
3. b (= vous avez beaucoup travaillé, arrêtez).
4. b (*une pause* = un arrêt).
5. a (= vous ne travaillez pas assez).
6. a (= vous vous êtes arrêtés).
7. a (*faire la sieste* = dormir l'après-midi).
8. c (= vous ne voulez pas manger).

9 RAPPORTER LES PAROLES DE QUELQU'UN   p. 69

Exercice n° 76
1. Il a défendu sa politique (*les mesures... les bonnes / mon action... la seule*). C'est le Premier Ministre qui parle.
2. Il a approuvé le Ministre de l'Intérieur (*il a eu raison... / approuver...*). C'est le ministre qui parle (*mon collègue*).

3. Il a menacé son employé de licenciement (*si vous tenez à votre place...*). C'est un patron qui parle.

Exercice n° 77
1. Il a bien accueilli mon projet *(bravo)*.
2. Il m'a complimenté pour mon travail *(excellente)*.
3. Il partage mon analyse de la situation *(très bonne analyse)*.

Exercice n° 78
1. faux (= il était en colère et très direct).
2. vrai (= il lui a fait beaucoup de compliments).
3. faux (= il a dit d'elle les pires choses).
4. faux (= il lui a fait beaucoup de reproches).
5. vrai (= il a fait apparaître ses qualités).
6. faux (= un portrait négatif).
7. vrai (= un portrait idéal).
8. faux (= il a été très négatif sur sa personne).
9. faux (= il l'a défendue sans y croire).
10. vrai (= il a fait l'inventaire de ses qualités).
11. faux.
12. vrai.
13. vrai (= il n'a pas été avare de compliments).

Exercice n° 79
1. faux – 2. faux – 3. faux – 4. vrai – 5. vrai (*un savon* (familier) = réprimande) – 6. vrai – 7. vrai – 8. faux – 9. vrai – 10. faux – 11. faux – 12. faux – 13. vrai

Exercice n° 80
1. faux : il a été optimiste (*j'ai confiance*) – 2. faux : il a été très positif – 3. faux : *se ficher de* (familier) = se moquer de – 4. vrai – 5. vrai : il croit en l'avenir de l'humanité – 6. faux – 7. faux

Exercice n° 81
1. Il m'a annoncé son départ.
2. Il m'a demandé si je m'étais décidé.
3. Il m'a annoncé qu'il avait changé d'avis.
4. Il m'a dit que je devrais partir avant midi.
5. Il m'a dit qu'il était malade.
6. Il m'a dit qu'il avait beaucoup maigri.

10 RELATIONS CAUSE/CONSÉQUENCE, HYPOTHÈSE   p. 75

Exercice n° 82
1. e – 2. d – 3. g – 4. c – 5. b – 6. h – 7. f – 8. a

Exercice n° 83
1. parce que – 2. alors – 3. alors – 4. parce que – 5. parce que – 6. parce que – 7. alors – 8. alors – 9. alors – 10. alors / parce qu'

Exercice n° 84
1. a : puisque / b : parce que / c : alors / d : comme
2. a : parce que / b : alors / c : puisque / d : comme
3. a : puisque / b : parce qu' / c : alors / d : comme

Exercice n° 85
1. regret – 2. reproche – 3. excuse – 4. déduction – 5. remerciement – 6. justification – 7. regret – 8. reproche – 9. remerciement – 10. hypothèse

Exercice n° 86
1. menace – 2. ordre – 3. projet – 4. conseil – 5. prévision – 6. menace – 7. prévision

Exercice n° 87
1. Report du match en cas de pluie / Annulation possible du match en fonction du temps.
2. S'il refuse, j'irai lui parler.
3. Risques d'inondations si le temps ne s'améliorait pas dans les jours qui viennent. / Inondations prévues dans le Midi de la France si les pluies continuent.
4. Si je suis absent, veuillez laisser un message.
5. Je pense partir en cas de nécessité.

11 SE SITUER DANS LE TEMPS   p. 81

Exercice n° 88
1. rarement (*depuis une éternité* = depuis très longtemps).
2. souvent (*10 fois par jour* : indique la fréquence).
3. souvent (*tous les jours* : indique la fréquence).
4. jamais (*plus du tout* = c'est terminé).

5. souvent (= il est toujours avec moi).
6. jamais (= il n'y a jamais de pluie).
7. rarement (= parfois, quelquefois).
8. souvent.
9. souvent (= il m'appelle tous les jours).
10. souvent (*avoir l'habitude de...* = indique la fréquence).

Exercice n° 89
1. une fois (*je l'ai vu* hier, mardi dernier…).
2. répété (*le mercredi* indique l'habitude).
3. répété (l'imparfait indique la répétition).
4. répété (*toujours* + imparfait = habitude).
5. une fois (début d'un récit : *un jour*).
6. répété (*je suis distrait* : en général) / une fois (*un jour*) / répété (*quand je sors* : en général).

Exercice n° 90
1. imprécis (*vers* = à peu près).
2. imprécis (*ces jours-ci* = on ne sait pas quel jour).
3. précis (*midi pile* = midi juste).
4. précis.
5. imprécis (*aux alentours de* = vers).
6. imprécis.
7. imprécis (*un de ces jours* = on ne sait pas quel jour).

Exercice n° 91

Depuis	il y a	suivis de :
X		heure précise (18 h 25, midi)
X		date (le 10 juin 87, etc.)
X		jour (lundi, mardi, etc.)
X		événement (la Révolution, Noël, etc.)
X	X	durée en heures, minutes, secondes
X	X	durée en jours, semaines, mois, années
	X	hier, la semaine dernière, etc.

Exercice n° 92

	Présent	Passé composé	Passé composé négatif	Imparfait
Depuis	X	X	XX	X
Il y a		XX	X	X

Depuis fonctionne avec le présent, le passé composé et l'imparfait.

Il y a fonctionne avec le passé composé, l'imparfait, mais ne s'utilise jamais avec le présent.

Exercice n° 93
1. Il est arrivé en France depuis trois mois.
   Il est arrivé en France il y a trois mois.
   Il est en France depuis le 20 juin.
   Cela fait trois mois qu'il est en France.
   Il y a trois mois qu'il est en France.
   Il est arrivé le 20 juin.
Attention ! **Il est arrivé** peut renvoyer au jour de son arrivée ou peut signifier *il est ici*.
2. Il pleut depuis 8 jours.
   Il a commencé à pleuvoir il y a 8 jours et depuis la pluie n'a pas cessé.
   Cela fait 8 jours qu'il pleut.
   Il y a 8 jours qu'il pleut.
3. Pierre ne fume plus depuis un mois.
   Cela fait un mois que Pierre ne fume plus.
   Il y a un mois que Pierre ne fume plus.
4. Catherine est mariée depuis trois mois.
   Il y a trois mois que Catherine est mariée.
   Cela fait trois mois que Catherine est mariée.
Attention ! Catherine **s'**est mariée **il y a** trois mois : renvoie à l'événement (le jour de son mariage).
5. Il neige depuis trois semaines.
   Cela fait trois semaines qu'il neige.
   Il y a trois semaines qu'il neige.

Exercice n° 94
1. Futur : *demain* – 2. Passé : *venir de* = passé récent – 3. Présent – 4. Futur : *aller* + infinitif = futur proche – 5. Passé – 6. Présent – 7. Futur – 8. Futur : *jusqu'à midi* = renvoie au futur – 9. Passé / Présent : peut signifier = *il n'est pas là* – 10. Futur : *à midi* = renvoie au futur

Exercice n° 95
1. parti – 2. pris – 3. allés – 4. devenu – 5. travaillé – 6. disparu – 7. allé – 8. parlé – 9. parti

Exercice n° 96
1. elle l'embrassait – 2. il partait – 3. il dormait – 4. il s'est arrêté – 5. elle lui a souri

Exercice n° 97
1. Je suis parti en Inde avec Alice au début de janvier. Nous sommes rentrés en France fin janvier.
2. Vendredi, j'ai fait du ski avec les enfants. Samedi, je suis allée au théâtre avec Jean-Luc.
3. Pendant les vacances de Noël, je suis allée une semaine aux États-Unis avec Jacques. Pendant les vacances de Pâques, j'ai fait du ski dans les Alpes.

4. Avant-hier, il a fait très beau et hier, il y a eu un orage terrible.
5. Marie a été opérée de l'appendicite lundi et elle est sortie hier de l'hôpital.
6. J'ai acheté une voiture mardi et mercredi j'ai eu un accident.
7. Il a neigé en janvier et il a plu en février.

Exercice n° 98
1. Je regardais la télévision ; c'était l'heure du journal télévisé.
2. Je mangeais ; j'ai mangé une boîte de raviolis.
3. Je me suis couché vers 10 heures.
4. Je mangeais ; je suis allé au restaurant, « Le Cyrano », avec des amis.
5. J'étais chez moi.
6. J'étais rentré à la maison.

Exercice n° 99
1. je lui ai expliqué – 2. je refuse de lui parler – 3. jusqu'à ce qu'il arrive – 4. tant qu' – 5. jusqu'à – 6. jusqu'à midi – 7. jusqu'à vendredi

Exercice n° 100
1. jusqu'à – 2. tant que – 3. jusqu'à ce que – 4. tant que – 5. jusqu'à – 6. jusqu'à ce qu'

Exercice n° 101
4 – 5 – 2 – 1 – 8 – 6 – 3 – 7

Exercice n° 102
1. En 2010, Pierre Albert aura 40 ans.
2. En l'an 2000, il y aura environ 30 millions d'habitants à Mexico.
3. En 2005, la Grande Bibliothèque de Paris sera terminée.
4. En 1998, il sera possible d'aller de Francfort à Barcelone par le TGV. (TGV = Train à Grande Vitesse).
5. En France, les prochaines élections législatives auront lieu en 1994.

12 QUANTIFIER   p. 91

Exercice n° 103
1. deux – 2. quinze – 3. une / deux – 4. un – 5. dix-huit – 6. quatre – 7. vingt-quatre / vingt-quatre – 8. quarante / trente-neuf / soixante – 9. sept / sept – 10. deux – 11. vingt-quatre – 12. cinquante

Exercice n° 104
1. deux tranches de jambon – 2. une douzaine d'œufs – 3. une demi-livre de beurre – 4. un litre de lait – 5. une pincée de sel – 6. deux doigts de Porto – 7. deux cuillères à café de sirop – 8. une cartouche de cigarettes – 9. un cachet d'aspirine – 10. une goutte de vin

Exercice n° 105
1. en quatre – 2. quatre – 3. sur son trente et un – 4. treize à table – 5. deux – 6. vingt-deux – 7. un / trois – 8. quatre – 9. une / deux – 10. deux

Exercice n° 106
1. Jean est plus ponctuel que Pierre.
2. Müller est aussi rapide que Brown.
3. Peter Müller a été le plus véloce.
4. Je ne pensais pas qu'il serait aussi attentif.
5. C'est celui qui a été le plus hautain.
6. Paul a été le plus réservé de tous.

13 SE SITUER DANS L'ESPACE   p. 95

Exercice n° 107
• L'hypothèse 1 est :
1. vraie – 2. vraie – 3. fausse – 4. fausse – 5. fausse – 6. fausse
Conclusion : non
• L'hypothèse 2 est :
1. vraie – 2. vraie – 3. fausse – 4. vraie – 5. fausse
Conclusion : non
• L'hypothèse 3 est :
1. fausse – 2. vraie – 3. fausse – 4. fausse – 5. vraie – 6. fausse
Conclusion : non
• Cette règle est :
1. vraie – 2. vraie – 3. vraie – 4. vraie – 5. vraie – 6. vraie – 7. vraie – 8. vraie – 9. vraie – 10. vraie – 11. vraie – 12. vraie

Exercice n° 108
1. au Mexique – 2. en Écosse – 3. en France – 4. aux États-Unis – 5. en Égypte – 6. en Ukraine – 7. en Iran – 8. en Argentine – 9. en Italie – 10. en Chine – 11. au Maroc – 12. en Grèce – 13. au Salvador / au Honduras – 14. en Pologne

Exercice n° 109
au Mexique – à Cuba – de Madrid – en France – à Rome – à Barcelone – au Pérou –

en Arabie Saoudite – aux États-Unis – en Finlande – à Helsinki
Pour faire cet exercice et celui qui précède vous pouvez utiliser un dictionnaire ou un Atlas.

Exercice n° 110
1. marché – 2. gare / train – 3. poste – 4. hôpital – 5. hôtel – 6. cimetière – 7. Faculté des Lettres – 8. Tournoi Rolland-Garros – 9. zoo

Exercice n° 111
1. chez moi – 2. au bord de la mer – 3. à côté de la mairie – 4. loin d'Avallon – 5. près du théâtre – 6. chez Pierre – 7. à côté de la place du marché – 8. sur la grande place du village – 9. loin du théâtre – 10. au centre de la ville – 11. à l'extérieur de la ville

14 FRANÇAIS FAMILIER, EXPRESSIONS IMAGÉES   p. 101

Exercice n° 112
1. nana = fille – 2. bagnole = voiture – 3. boulot = travail – 4. cinoche = cinéma – 5. tarte = gifle – 6. pieu = lit – 7. se grouiller = se dépêcher – 8. faire gaffe = faire attention – 9. radis = argent – 10. rond = ivre

Exercice n° 113
Hier, il m'est arrivé un drôle de *truc*. Je rentre dans un *bistrot* pour boire un *pot*. À côté de moi, il y avait une *nana*. Je commence à *la draguer*. J'avais l'impression de l'avoir vue quelque part. Je lui demande où elle *crèche*. Elle me dit « à deux pas d'ici ». Je l'invite à *bouffer*. Elle se fâche, met *10 balles* sur la table et *se barre*. Je l'ai revue ce matin, c'est la femme de mon *direlo*. Il m'a *viré*. Il va falloir que je trouve du *boulot*.

Exercice n° 114
1. restaurant – 2. propriétaire – 3. du vin ou de l'eau – 4. policier – 5. homme / costume – 6. en avoir assez – 7. voiture – 8. chaussures – 9. beau / pantalon – 10. nez – 11. cheveux – 12. ventre – 13. cigarettes – 14. télévision / cinéma – 15. camembert – 16. un pistolet – 17. fou – 18. à pied – 19. tête

Exercice n° 115
1. Il te raconte des *salades* = il ne dit pas la vérité.
2. Ce film, c'est un *navet* = c'est un mauvais film.
3. Il est tombé dans les *pommes* = il s'est évanoui.
4. J'ai travaillé pour des *prunes* = j'ai travaillé pour rien.
5. Dès que tu le regardes, il devient rouge comme une *tomate* = c'est un garçon très timide.
6. Occupe-toi de tes *oignons* = ne te mêle pas de ça.
7. Il a fait *chou blanc* = il a échoué.
8. Va donc eh *patate* = tu es bête.
9. Il sucre les *fraises* = il tremble.
10. Il ramène toujours sa *fraise* = il intervient tout le temps.
11. Je la trouve un peu *courge* = elle est bête.
12. C'est la fin des *haricots* = c'est la catastrophe.

Exercice n° 116
1. Il a versé des larmes de *crocodile* = c'est un hypocrite.
2. Il a prix la *mouche* = il s'est fâché.
3. J'ai une faim de *loup* = j'ai très faim.
4. Elle a un appétit d'*oiseau* = elle mange très peu.
5. Il pratique la politique de l'*autruche* = il refuse d'affronter la réalité.
6. Elle a une taille de *guêpe* = elle est mince.
7. Il fait un temps de *chien* = il fait mauvais temps.
8. Il a une fièvre de *cheval* = il est malade.
9. C'est un requin de la Finance = il est sans scrupule.
10. C'est un chaud *lapin* = il court après toutes les filles.
11. Je vais chez les *poulets* = je vais au commissariat de police.
12. Il a une langue de *vipère* = il dit beaucoup de choses méchantes.

Exercice n° 117
1. Je ne supporte plus la langue de *bois* = j'aime quand on parle clairement.
2. Il a une santé de *fer* = il n'est jamais malade.
3. Elle a un moral d'*acier* = elle a beaucoup de volonté.
4. J'ai les jambes en *coton* = j'ai les jambes faibles.

5. Il est resté de *marbre* = il est resté impassible.
6. Ce matin j'ai la gueule de *bois* = j'ai trop bu hier soir.
7. Il s'est enfermé dans sa tour d'*ivoire* = il est inaccessible.
8. C'est une affaire en *or* = c'est une bonne affaire.

Exercice n° 118
1. J'ai pris *mon pied* = j'ai éprouvé beaucoup de plaisir.
2. C'est mon *bras droit* = c'est mon principal collaborateur.
3. J'ai demandé *sa main* = je l'ai demandée en mariage.
4. Il a *un cheveu* sur *la langue* = il zozote.
5. Il se met *le doigt* dans *l'œil* = il se trompe.
6. Il a *un poil* dans *la main* = il n'aime pas le travail.
7. Il a *le cœur* sur *la main* = il est très généreux.
8. Il a *l'estomac* dans *les talons* = il a faim.
9. Il a du *cœur* au *ventre* = il est enthousiaste.
10. Il a *les chevilles* qui enflent = il est fier de lui.

Exercice n° 119
1. Il est têtu comme une bourrique – 2. Il mange comme un cochon – 3. Il jacasse comme une pie – 4. Il dort comme un loir – 5. Il a été rapide comme l'éclair – 6. Il a une mémoire d'éléphant – 7. Il est triste comme une porte de prison – 8. Il n'a pas inventé l'eau chaude.

15 CONJUGAISONS   p. 111

Exercice n° 120
1. en forgeant : on acquiert l'habileté par la pratique.
2. en dormant : la chance vient souvent à celui qui ne fait rien pour l'obtenir.
3. en mangeant : plus on a de succès, de biens, plus on en veut.
4. en attendant.
5. en sortant.
6. en chantant : chanter à tue-tête (= très fort).
7. en cherchant.

Exercice n° 121
- PARLER : je parle – tu parles – il parle – nous parlons – vous parlez – ils parlent
- RIRE : je ris – tu ris – il rit – nous rions – vous riez – ils rient
- ENTENDRE : j'entends – tu entends – il entend – nous entendons – vous entendez – ils entendent
- POUVOIR : je peux – tu peux – il peut – nous pouvons – vous pouvez – ils peuvent

Exercice n° 122
- Présent en **e, es e** : ouvrir – rester – préférer – offrir
- Présent en **s, s, t** : sortir – prévenir – faire – devoir – savoir – partir
- Présent en **x, x, t** : vouloir – valoir – pouvoir
Attention ! *Aller* et *attendre* ne fonctionnent pas dans ces catégories.

Exercice n° 123
ouvrir – cueillir – offrir – recueillir – accueillir – souffrir – découvrir – tressaillir – assaillir – recouvrir – défaillir – entrouvrir
Question subsidiaire : aller

Exercice n° 124
1. parlons – 2. appelle – 3. habitons – 4. arrivent – 5. aimez – 6. achètes – 7. voyage – 8. désirent

Exercice n° 125
- JETER : projeter – cacheter
- ACHETER : fureter
- APPELER : rappeler – chanceler – épeler
- GELER : peler – déceler

Exercice n° 126
1. commençons – 2. nageons – 3. plaçons – 4. mangeons – 5. lançons – 6. longeons – 7. rangeons – 8. déplaçons

Exercice n° 127
1. essaie / essaye – 2. paie / paye – 3. appuyez – 4. noient – 5. envoie – 6. nettoie

Exercice n° 128
1. congèle – 2. décèle – 3. lèse – 4. lève – 5. amènent – 6. pèle – 7. révèle – 8. achète – 9. vénèrent – 10. régénère
- *Verbes en E + consonne + ER* : congeler – lever – amener – peler – acheter
- *Verbes en É + consonne + ER* : déceler – léser – révéler – vénérer – régénérer

Exercice n° 129
- VOIR : prévoir – asseoir – revoir
- DISTRAIRE : extraire – traire – soustraire
- CROIRE : –
- FUIR : enfuir

Exercice n° 130
Verbes qui se conjuguent sur le modèle de *dormir* : partir (par- / part-) – admettre (adme- / admett-) – suivre (sui- / suiv-) – vivre (vi- / viv-) – poursuivre (poursui- / poursuiv-) – sentir (sen- / sent-) – sortir (sor- / sort-) – battre (bat- / batt-) – démentir (démen- / dément-) – repentir (repen- / repent-) – promettre (promet- / promett-).

Exercice n° 131
1. connai**ss**ons – 2. transcri**v**ons – 3. maudi**ss**ent – 4. élargi**ss**ent – 5. déplai**s**ent – 6. condui**s**ez – 7. prédi**s**ez – 8. mou**l**ent – 9. recou**s**ez – 10. crai**gn**ez – 11. repei**gn**ent – 12. rejoi**gn**ons – 13. convain**qu**ez – 14. sédui**s**ez – 15. saisi**ss**ons – 16. fai**s**ons

Exercice n° 132
ils **peuv**ent – ils **aperçoiv**ent – ils **reçoiv**ent – ils **vienn**ent – ils **tienn**ent – ils **parvienn**ent – ils **appartienn**ent – ils **doiv**ent – ils **meuv**ent – ils **obtienn**ent

Exercice n° 133
Verbes qui se conjuguent sur le modèle de *savoir* : valoir – prévaloir – équivaloir – s'asseoir (2ᵉ forme de conjugaison possible = je m'assieds / nous nous asseyons).

Exercice n° 134
Même radical :
- au présent avec *je* et à l'imparfait = 1/10
- au présent avec *tu* et à l'imparfait = 1/10
- au présent avec *il* et à l'imparfait = 1/10
- au présent avec *nous* et à l'imparfait = 10/10
- au présent avec *vous* et à l'imparfait = 8/10
- au présent avec *ils* et à l'imparfait = 6/10

C'est le radical utilisé avec **nous** au présent qui sert à former l'imparfait (cette règle fonctionne avec la totalité des verbes français).

Exercice n° 135
Même radical au subjonctif avec *je, tu, il, ils* et :
- au présent avec *je* = 1/10
- au présent avec *tu* = 1/10
- au présent avec *il* = 1/10
- au présent avec *nous* = 7/10
- au présent avec *vous* = 6/10
- au présent avec *ils* = 10/10

En effet c'est la forme du radical utilisée au présent avec **ils** qui sert à former le subjonctif pour la quasi-totalité des verbes français.

Même radical au subjonctif avec *nous, vous* et :
- au présent avec *je* = 1/10
- au présent avec *tu* = 1/10
- au présent avec *il* = 1/10
- au présent avec *nous* = 10/10
- au présent avec *vous* = 9/10
- au présent avec *ils* = 7/10

Avec *nous* et *vous*, c'est la forme de l'imparfait qui sert à former le subjonctif (voir l'exercice n° 134 pour la formation de l'imparfait).

Exercice n° 136
Liste des verbes utilisant au subjonctif un radical irrégulier : savoir – faire – être – pouvoir – vouloir – avoir – aller – valoir.

Pour les autres verbes, il suffit de connaître la forme du radical utilisé au présent avec *ils* et *nous*.